AF387586

Die deutsche Identitätskrise und ihre Auswirkungen

Kritische Textimpulse zu Multikulturalismus, Patriotismus und Zeitgeist

Dennis Riehle

FSC
www.fsc.org
MIX
Papier aus ver-
antwortungsvollen
Quellen
Paper from
responsible sources
FSC® C105338

Liebe Leser,

Deutschland ist in einer schwierigen Phase. An vielen Stellen sehen wir die Zerrüttung unserer Republik und die Aufwiegelung von Gesellschaftsteilen, die sich aus politischen und ideologischen Gründen immer öfter verfeindet und völlig unversöhnlich gegenüberstehen.

Denn selten zuvor war der Kampf um die Deutungshoheit von Wahrheit und Realität so immanent. Da ist es einerseits das Ringen um den Erhalt unserer kulturellen Identität und nationalen Unversehrtheit.

Aber auch die Frage des Umgangs mit zeitgeistigen Entwicklungen, welche ethisch und moralisch bei nicht wenigen Menschen schon allein aufgrund ihrer Sittenlosigkeit auf Anstoß treffen - weil sie Konventionen und Normen unseres Miteinanders aus den Angeln zu heben vermögen. Die Polarisierung und Spaltung werden nicht nur durch eine immer stärker eingeebnete Presse forciert.

Sondern es beteiligt sich mittlerweile ein
großes Kartell aus Parteien, Gewerkschaften,
Kirchen, Verbänden, Wirtschaft,
Prominenten, Sport, Künstlern, Gelehrten,
Zivilorganisationen und Einzelinitiativen an
der wachsenden Erosion der Gemeinschaft.

Dass die weltanschaulichen Differenzen
enorm sind, das liegt nicht zuletzt auch an
der subjektiv unterschiedlichen
Wahrnehmung über die Verfassung unserer
Demokratie, die Funktionalität des Staates
und die Fairness in der Rechtsprechung. Und
so bilden sich mit Nachdruck verschiedene
Lager aus, die von einer diametral
voneinander abweichenden Mentalität und
Vorstellungen der Zukunft motiviert werden.
Eine Antwort auf die Probleme und
Herausforderungen der Aktualität ist das
neue Bewusstsein für Patriotismus,
Heimatverbundenheit und Stolz.

Dass es sich hierbei weder um anrüchige
noch verwerfliche Positionen handelt - und
nicht wenige Mitbürger aufgrund dieser
Haltung kurzerhand zu Rechtsextremisten
erklärt werden -, ist ein ernüchternder
Befund, der Entfremdung zementiert.

Gleichsam kann die Hinwendung zu einem frischen Ehrgefühl Zuversicht mit Blick auf das Morgen schenken. Denn die Sensitivität für die Bedrohungen und Gefahren unserer Volksherrschaft wächst beständig. Und nur so wird sie auf Dauer auch in der Lage sein, ihre Existenz und Praktikabilität wiederkehrend unter Beweis zu stellen.

Mit meinen gesammelten Beiträgen zu diesen Themen wünsche ich Ihnen eine interessante, anregende und erhellende Lektüre. Gerne können Sie über meine Gedanken mit mir ins Gespräch kommen.

Melden Sie sich dafür per E-Mail unter: Riehle@Riehle-Dennis.de.

Herzliche Grüße

Ihr Dennis Riehle

Wie weit darf Toleranz gehen?

Die wesentliche gesellschaftliche Frage dieser Tage muss lauten: Wie weit darf Toleranz in einer Gemeinschaft gehen, die zweifelsohne pluralistischer geworden ist - und in der viele Minderheiten Ansprüche stellen? Schlussendlich bleibt die Bundesrepublik trotz und gerade wegen aller Zuwanderung - ob nun durch geregelte oder Flüchtlingsmigration - ein in seinen Wurzeln nicht wegzudiskutierendes christliches Land mit einer entsprechenden Prägung, Tradition und Identität. Und es muss gerade in einer Demokratie das Prinzip des Respekts von Minoritäten gegenüber mehrheitlicher Praxis gelten.

Wer zu uns kommt, muss die Bereitschaft zur Hinnahme des kulturellen Lebens zeigen, das sich nicht nur aus einer geschichtlichen Entwicklung heraus ergibt, sondern auch aus dem Verständnis unseres Landes als freiheitliche und vielfältige Nation, in der aber eben nicht nach oligarchischen Manier Rücksicht auf die Befindlichkeit von jedem Einzelnen genommen werden kann.

Niemand fordert Assimilation, ein Mitfeiern von hierzulande gängigen Festen und Bräuchen. Allerdings das friedliche Akzeptieren - ohne das Totschlagargument der Kultursensibilität oder die zeitgeistige Moralkeule. Nein, es gehört eben nicht zu einer offenen Gesellschaft, dass kleine Gruppen ihre Wünsche und Vorstellungen aufoktroyieren. Religionsfreiheit bedeutet, seinem eigenen Glauben nachgehen zu können - aber nur so lange, wie dies nicht das Ausüben der Rituale des Gros beeinträchtigt.

Wer in einem Land fremd und Gast ist, von dem kann zurecht Pietät und Anstand erwartet werden. Das Symbol des Weihnachtsbaums ist ein Hinweis darauf, dass es die Überzahl der Bevölkerung gewohnt ist, zu dieser Jahreszeit Besinnlichkeit, Einkehr und Frieden wirken zu lassen. Diese die Weltanschauung des Christentums konfessionell übersteigende Botschaft dürfen wir uns nicht aus falsch verstandener Liberalität für alles und jeden nehmen lassen, der sich dadurch möglicherweise in seinen ideologischen Gefühlen verletzt sieht.

Die für die heutige Epoche entscheidende
geschichtliche Entwicklung unserer Breiten
ist von christlicher Kultur und Tradition
geprägt. Daher kann und sollte sich unser
Land auf diese Wurzeln besinnen.
Entsprechend gehört dazu auch, dass die bei
uns mehrheitlich vorherrschende Religion
der vergangenen Jahrhunderte und
Jahrzehnte durch ihre eigene Säkularisierung
und Sozialisation die Bereitschaft und
Fähigkeit zur Anpassung an eine freiheitlich-
demokratische Grundordnung hat erkennen
lassen. Deshalb ist sie auch besonders gut
mit der derzeitigen Herrschaftsraum
vereinbar.

Denn sowohl Protestantismus wie
Katholizismus erheben keinen weltlichen
Absolutheitsanspruch. Sie schätzen
Meinungsfreiheit als einen ihrer höchsten
Werte. Sie sind weder einer gewaltsamen
Missionierung verpflichtet, noch fehlt ihnen
die Offenherzigkeit zur Duldung und zum
Respekt des Anders- und Nichtglaubens. Und
vor allem haben sie sich durch eine kritische
Exegese und eine Besinnung auf das Neue
Testament einer friedlichen Botschaft
hingegeben, die es ermöglicht, bei

größtmöglicher Distanz ein Miteinander zwischen Staat und Kirche gewähren zu lassen. Bedauerlicherweise ist es beispielsweise im Islam anders. Dort hat es eine erkennbare Mehrheit der Anhänger bis heute nicht vermocht, sich einer Liberalisierung zu stellen.

Viel eher verfolgt sie noch immer das Ansinnen alleiniger Wahrheit - und schreckt dabei auch nicht zurück, religiöses Bekenntnis zu ideologisieren und politisieren. Sie will niemand anderen neben sich haben - und ihre teils fanatisierten und desorientierten Unterstützer verlassen sich bei ihrer Überzeugung auf nicht selten von Expansion angetriebene Appelle verblendeter Kleriker, die zur Feindschaft und Missgunst gegenüber "Ungläubigen" aufrufen.

Das solch Einverständnis mit unseren westlichen Normen nicht vereinbar ist, scheint offensichtlich. Deshalb braucht es selbstredend ein Leitmotiv zur uneingeschränkten Akzeptanz bewährter und konventionell vereinbarter Tugenden unseres sozietären Zusammenlebens, welches verbindliche und unverrückbare Regeln vorgibt - und dessen Nichteinhaltung bei fehlender Aufenthaltsberechtigung, abgelehntem Asyl oder ausbleibender Bleibeperspektive schlussendlich zur Ausweisung oder gar zu Verhinderung der Einreise führen muss.

Unsere Regierungen haben viel zu lange den Fehler gemacht, in Sachen Migrationspolitik in einem kurzsichtigen, naiven und verblendeten Glauben an das Richtige einen Kurs zu verfolgten, der sich der gutmenschlichen Definition der Humanität anbiedert. Doch offene Arme für jeden haben nichts mit Gerechtigkeit oder Fairness zu tun, im Gegenteil. Sie verhindern, dass diejenigen tatsächlichen Schutz erhalten, die ihn gemäß der internationalen Konventionen und der deutschen Verfassung verdient haben.

Und dies sind nun einmal ausschließlich Personen, die einer Verfolgung in ihren Heimatregionen ausgesetzt sind. Wirtschaftliche und soziale Aspekte und das Streben nach einem besseren Leben sind dagegen kein anerkannter Fluchtgrund, um in einem anderen Land einen Status zu begehren. Und entgegen anderslautender Meinungen sind wir auch unter der Berücksichtigung von Art. 20 Abs. 4 Dublin-III-Verordnung nicht dazu angehalten, bereits beim Artikulieren des Gesuchs nach Aufnahme eines an der Grenze bei uns Einreise begehrenden Drittstaatsangehörigen den Übertritt auf unser Territorium zulassen zu müssen. Während der Prüfung der Zuständigkeiten ist ein Anspruch auf einen Aufenthalt in der Bundesrepublik nicht zwangsläufig gerechtfertigt.

Und auch unsere einfachen Gesetze sehen während des Durchlaufens des gesamten Asylverfahrens nicht zwingend die Notwendigkeit zur Anwesenheit in Deutschland vor. Viel eher sind auch Rückführungen prinzipiell denkbar, wenn mit dem offensichtlichen Anspruch auf widerrechtliches Eindringen in die Hoheitsgebiete der Europäischen Union gehandelt wird.

Auch die obersten Gerichte sehen mittlerweile vor, dass wir uns nicht moralisch erpressen lassen müssen - oder gar einen Freifahrtschein an diejenigen auszustellen haben, die sich bewusst in Seenot bringen. Mehr als Rettung ist sodann auch juristisch nicht erforderlich.

Wir müssen endlich zu der von den Staatschefs beschlossenen Regelung übergehen, die Bleibeperspektive bereits an den Außengrenzen - oder noch besser in den Vertretungen der EU in den Herkunftsländern - vorab zu prüfen.

Wer hierbei keinen entsprechenden Nachweis über eine plausible Bedrohung der eigenen Person aus religiösen, ethnischen, politischen, sexuellen oder sonstigen Aspekten erbringen kann, muss selbstverständlich abgewiesen werden.

Es braucht die klare Botschaft an Flüchtlinge, dass sich die Mühe der Reise nach Europa nicht lohnt, wenn diese Bedingungen nicht erfüllt sind. Natürlich muss der Grenzschutz wieder verstärkt werden - denn wir sind an vielen Orten nicht mehr Herr unserer Hoheitsgewalt.

Die Abweisung ist unter der Anwendung der grundlegenden Menschenrechte legitim, wenn die einzelne Person gerade in einer auftretenden Gruppe nicht die Möglichkeit genutzt hat, den legalen Weg der Beantragung von Asyl bereits in ihrem

Ursprungsland zu gehen. Selbstredend gilt darüber hinaus auch: Wer sich auf ein Verfolgtsein beruft, gleichzeitig aber vor ideologisch fanatisierter Radikalität, Kriminalität und Gewaltabsicht strotzt - und dies auch noch im Namen der Diktatur, Religion oder Weltanschauung, die angeblich zur Vertreibung geführt, hat seinen Anspruch auf Schutz aufgrund dieser Widersprüchlichkeit automatisch verwirkt.

Natürlich muss sich auch eine Behinderung der Aufklärung der Identität - beispielsweise durch das "Verlieren" von Passpapieren - im Rahmen einer Klärung möglicher Schutzansprüche als Ausdruck fehlender Mitwirkungs- und Integrationsbereitschaft entsprechend auswirken. Wenn es also politischen Willen gäbe, wäre also sehr viel mehr Regulierung und eine Rückkehr zur Durchsetzung bestehender Gesetze möglich.

Dass man dabei unter anderem auch auf eine deutliche Reduzierung der Pull-Faktoren setzen muss, ist einigermaßen offensichtlich. Denn es ist gerade Deutschland, das in der EU mit seiner den gemeinschaftlichen Standards zur

Gewährung des Existenzminimums widersprechenden Praxis von "mehr als nötig" massive Sogeffekte produziert. Solange aber gerade die Grünen in ihrem Selbsthass und Antipatriotismus ihre eigenen Definitionen der Grundrechte als Maßstab festsetzen - und sich keiner der Vernünftigen dagegen zu wehren weiß, bleibt es bei der notwendigen Widerrede des Souveräns.

Der Islam gehört noch immer nicht zu Deutschland!

Würde man Christian Wulff heute fragen, ob er noch immer zu seinem legendärsten Satz steht, würde er wahrscheinlich erneut sagen: "Der Islam gehört zu Deutschland". Und auch wenn man sich bei diesem Thema prinzipiell auf ein überaus schwieriges Terrain begibt, so war es beispielsweise unlängst Kardinal Müller, der mit überaus kritischen und tadeligen Worten über den "Globalismus" für Aufsehen sorgte. Er bezog sich damit wohl auf die Weltoffenheit, die in der Bundesrepublik spätestens ab 2015 in einer darauf bis heute andauernden Epoche des "Wir schaffen das!" praktiziert wird.

Mit dem Totschlagargument der Diskriminierung wird Toleranz gegenüber allem und jedem eingefordert. Effiziente und stringente Maßnahmen zur Reglementierung der massenhaften Migration auf den europäischen Kontinent bleiben vor allem aufgrund der beständigen Intervention der Grünen aus. Und es ist gerade auch diese Partei, welche mit einem bis zur

Unkenntlichkeit gutmenschlich ausgewaschenen und ablehnenden Ehrempfinden gegenüber der eigenen Heimat versucht, die Ideologie des Vielvölkerstaates in die Realität umzusetzen - obwohl bereits weit vor dem Nationalsozialismus die ersten Wissenschaftler, Politiker und Gelehrten davor warnten, bezüglich eines Ethnopluralismus in Naivität und Gutgläubigkeit zu verfallen.

Es war später sogar ein Politiker aus den eigenen Reihen, der zur Vorsicht mahnte - und die Konsequenzen einer zügellosen Zuwanderung aufzeigte. Daniel Cohn-Bendit stieß mit seiner Aussage "Die multikulturelle Gesellschaft ist hart, schnell, grausam und wenig solidarisch, sie ist von beträchtlichen sozialen Ungleichgewichten geprägt (...)" vor allem beim politischen Gegner auf Gehör.

Denn es bedarf eigentlich nur ein wenig an Menschenverstand, mit wachen Augen auf die Schöpfung und Evolution zu blicken, bei der sich ihr Erfinder offenbar etwas gedacht hat: Wäre es sein Anliegen gewesen, langfristig eine vollkommene Durchmischung der verschiedenen Stämme anzustreben, hätte er die Milieus nicht voneinander separiert in die Welt gesetzt. Nein, es hat nichts mit Rassismus zu tun, wenn man sich dem Gedanken nähert, dass der zwanghafte Versuch zur Ansiedelung von Gruppen unterschiedlicher Sprache, Werte, Normvorstellungen, Historie, Sitten, Religion, Kultur, Wurzeln und Verwandtschaft auf einem geografischen Raum schon allein deshalb nicht funktionieren kann, weil sie ein divergierendes Maß an Sozialisation und Säkularisierung durchlaufen haben.

Und so sind es nicht unerhebliche Teile des Islam, in dessen Strömungen und Lagern im Vergleich zu anderen Weltreligionen bisher kaum eine Aufklärung stattgefunden hat. Viel eher fehlt es an einer Abgrenzung von der buchstäblichen Epistel seiner heiligen Schriften, welche auch das Christentum erst durchleben musste. Blickt man auf die Historie, so haben die meisten Anschauungen eine oder mehrere gewaltsame Epochen hinter sich, weil sie mit einem Absolutheitsgedanken nicht nur ideelle Hoheit beanspruchten, sondern auch irdische. Eine Distanzierung von der Überzeugung der Missionierung des Andersgläubigen und des Respekts vor der Wahrheit anderer Sichtweisen fand bislang in einer erheblichen Zahl der muslimischen Länder nicht statt, im Gegenteil. Wir erfahren es sogar aus Moscheen bei uns, dass die Verkündigung von Unbedingtheit, Überlegenheit und Allgewalt an der Tagesordnung sind.

Natürlich kann sich die Buntrepublik in ihrem arglosen Vertrauen auf das Wohlwollende in jedem Menschen auf den Standpunkt zurückziehen, dass es sich lediglich um eine minoritäre Kohorte handelt, die das Erfordernis der Exklusivität und Uneingeschränktheit des Islam anhängt. Wer einmal einen Blick in den Koran wirft und sich mit den dortigen Suren beschäftigt, der findet relativ viele Aufrufe zu Hass, Abscheu, Neid und Niedertracht. Allerdings fehlt es - im Vergleich zur Bibel - an einem diese Passagen entkräftenden Evangelium und einer Guten Botschaft, die den alttestamentarischen Gedanken von "Auge um Auge" relativiert und mit einer Bergpredigt zu Frieden, Versöhnung und

Liebe unter uns allen aufruft. Sogleich durchlief der Islam bisher auch keine einzige laizistische Phase, in der eine Trennung zwischen Staat und Religion als ein konsequentes Kriterium für das Funktionieren unseres Herrschaftssystems der Demokratie zur Verbindlichkeit erklärt worden wäre.

Schon allein deshalb ist es einigermaßen einfältig, an der Utopie eines Miteinanders aller Bekenntnisse festzuhalten, denn die Möglichkeit des obsessiven Verordnens eines Systems auf Freiheit, Gleichheit und Weltlichkeit kann nicht gelingen, wenn ihr die Erwartung an Unterordnung der Mehrheit unter die Minderheit entgegensteht. Da hilft auch nicht die Verleugnung unserer eigenen religiösen Identität, um einen Prozess der gemäßigten, kanalisierten und gesteuerten Begegnung von kontrastierender Heilsgewissheit als ausdrücklich statthaft zu schätzen.

Es ist völlig unbestritten, dass es Individuen gibt, die sich aus freien Stücken und einem inneren Antrieb zum Verständnis, zur Liberalität und zur Achtung des

Unbekannten heraus auf einen eigenen Weg der Indulgenz machen, um das Gegenüber in seiner Menschlichkeit und seinen religiösen Ansichten kennenzulernen und anzunehmen. Trotzdem werden wir durch die vielen Schlagzeilen in diesen Tagen zu dem sich nicht mehr als Einzelfälle zu verkaufenden Eindruck hingerissen, dass der Islam in der Überzahl seiner Anhänger Gewaltverzicht bereit und in der Lage ist.

Allerdings bleibt jede Pauschalisierung und Generalisierung ungeeignet, um gleichzeitig aber auch in aller Deutlichkeit und Klarheit festzuhalten: Wir können bei den Bildern über Kriminalität von "migrationshintergründigen" Tätern auf unseren Straßen nicht so tun, als gäbe es keinen Zusammenhang zwischen einer dogmatischen und spirituellen Motivation solcher Exzesse. Sie sind letztlich das Ergebnis einer Mentalität des "Was nicht passt, wird passend gemacht". Unter Druck, Rohheit und Nezessivität herbeigeführte Homogenität muss explodieren. Daher mag es für manchen Traumtänzer eine bittere, allerdings gleichsam pragmatische Erkenntnis sein, dass nicht aus jedem

Fremden ein Freund gemacht werden kann.
Dass es leuchtende Beispiele dafür gibt,
Harmonie zwischen den Konfessionen zu
erreichen, lässt mich deshalb auch zu der
Bewertung kommen, dass das grundsätzliche
Postulat der Orthodoxie und Frommheit des
Islam aufgrund einer bislang universell
ausgebliebenen Profanierung des
Gedankens von Gottesherrschaft mit dem
der Volksherrschaft unvereinbar bleibt - aber
friedsame, inkludierte und rechtschaffende
Muslime selbstredend ein Teil von
Deutschland sind.

Selbstbeschreibung: Faulenzer?

Dass die Redaktion der einst als souveränes und unabhängiges Leitmedium geltenden "Zeit" in der jüngeren Vergangenheit mehrmals links abgebogen ist und sich zu einem Sprachrohr einer leistungsverweigernden Gesellschaftskohorte etabliert hat, beweist sie nicht erst mit ihrem aktuellen Beitrag, in welchem sie die Gewerkschaft der Lokführer für ihr Durchhaltevermögen bezüglich der 35-Stunden-Woche hofiert.

Dass sie in einer kommentierenden, aber eben auch lobbyistischen Art und Weise das Ziel von immer weniger Arbeit in Deutschland nicht nur als legitim, sondern gar förderlich für unsere Gemeinschaft deklariert, wird ihr sicherlich bei manchen Mitgliedern der Influencer- und Aktivist*innen-Bewegung, aber auch allen Alt-68ern in deren antiautoritärer Manier der Bequemlichkeit Applaus einbringen. Gleichzeitig verkennt sie natürlich nicht grundlos, dass die Bevölkerung in Deutschland mittlerweile nicht nur von den wiederkehrenden Streiks die Nase voll hat und sie als unverhältnismäßig, überzogen und unangemessen wahrnimmt, sondern gerade unter den Boomern der Eindruck vorherrscht, die Nachkommenschaft wolle sich bewusst und gezielt aus jeglicher Verantwortung zur Mitwirkung und Teilgabe für Wohlstand, Wachstum und Prosperität entziehen. Immerhin wären solche Impressionen geeignet, eine Berichterstattung zu stören, welche im sozialistischen Denken bis heute davon ausgeht, dass der Euro an den Bäumen wächst - und sich das bisschen Haushalt schon von allein macht.

Der eklatante Rückzug aus jeglicher Begeisterung für Schaffenskraft, Tatkräftigkeit und Innovation beruht nicht nur auf der Überzeugung, dass sich für den Reichtum einer Nation die Anderen bemühen können. Entsprechende Einstellungen und Mentalitäten finden wir besonders bei denen, die entweder in Naivität, Unwissenheit oder Böswilligkeit davon ausgehen, dass das mittlerweile vom Staat großzügig nicht nur an langjährige Steuerzahler verteilte Bürgergeld schon irgendwie erwirtschaftet wird - im Zweifel durch den Nachbarn von nebenan. Unter dem Deckmantel der sogenannten Work-Life-Balance verteidigt man eine Abwendung von jeglicher Anstrengung und Einsatz für den Fortbestand unseres noch immer recht hohen Lebensstandards. Behaglichkeit ist aber eben nicht nur ein Ausdruck von egoistischer, antisozialer und gewissenloser Passivität, Interessenlosigkeit und Lethargie.

Stattdessen strotzen ihre Verfechter nur so vor fehlendem Ehrgeiz, vor Antriebslosigkeit und Phlegmatismus - was für den Fortschritt eines Miteinanders von existenzieller Prägnanz ist. Gleichzeitig reiht sich dieses Charakteristikum ein in eine Ideologie der Tugendlosigkeit und der Verachtung der eigenen Spezies, die man im Zweifel lieber ausnutzt, als für ihr Weiterkommen eigene Ideen, Kreativität oder Verdienst zuzufügen. Sie leistet einen Beitrag für den weiteren Niedergang des durch die Ampel ohnehin beabsichtigten Abwrackens dessen, was einst im Stolz auf das Können und Vermögen der Nachkriegsjahrgänge als Zeichen des Wiederauferstehens einer am Abgrund stehenden Republik gefeiert wurde.

Mittlerweile werden die unsinnigsten Argumente dafür angeführt, weshalb wir uns immer weniger Eifer und Emsigkeit zumuten sollen. Da ist es die Komplexheit von diffizilen Aufgaben als prinzipielle Überforderung einerseits und das Multitasking als Fertigkeit für die Erledigung von digitalen und analogen Anforderungen andererseits, die am Ende dafür herhalten müssen, das kollektive Ausgebranntsein zu begründen - und eine bildungssprachlich als Sabbat-Jahr deklarierte Pause auf heimischer oder karibischer Hängematte zu rechtfertigen.

Schnell sind wir heute einem Burnout nahe. Die psychischen Erkrankungen im Job nehmen auch deshalb dramatisch zu, weil uns Resilienz und Anpassungsfähigkeit in unserem als Resultat von Überbehütung und Bevormundung anerzogenen Mimosendasein abhandengekommen sind. Wenn wir die Theorie der fortwährenden Bürde und Strapaze von Aufwand und Aufbietung weiterspinnen, so ist irgendwann jede Form von Broterwerb als Sklaverei, Frondienst oder Qual zu bewerten. Sofern die Identität einer Gemeinschaft zunehmend mit Empfindsamkeit, Schwachheit und Ermüdung beschrieben werden kann, verwundert es nicht mehr, dass sie anfällig wird für Ausnutzung, Missbrauch und Zweckentfremdung. Wenn sich die Mehrheit nicht dagegen wehrt, dass ihr eine wachsende Minderheit auf der Tasche liegt und sie durch ihren Müßiggang, ihre Arbeitsscheu und ihre Tatenlosigkeit verhöhnt, erodiert nicht nur das Gefüge, das auf Verlässlichkeit, Ethik, Pflichtgefühl, Verbindlichkeit und Responsibilität gründet. Sondern auch die Chance zur Versöhnung von widerstreitenden Interessen der Generationen bleibt ungenutzt.

Noch ein Brandmäuerchen gefällig?

Dass ein CSU-Mann in diesen Tagen den Bürgern in den Haltungsmedien der Republik erklären möchte, warum die AfD keine echte Option sei, das mag man aus seiner Position heraus noch als ein hehres Anliegen und seine Aufgabe verstehen. Allerdings mutet es bereits aus journalistischer Sicht einigermaßen eigentümlich an, dass einem Politiker auf derart breitem Raum die Möglichkeit gegeben wird, einen Mitbewerber ohne wirkliche Gegenrede, Kommentierung oder Einordnung auseinandernehmen zu können.

Und auch inhaltlich ist der Generalsekretär der Christsozialen nicht über das Bedienen von bloßen Vorurteilen und Ressentiments hinausgekommen, die er in einer dem Establishment entsprechenden Manier ohne eine tatsächliche Abgleichung mit der Programmatik der Alternative für Deutschland oder gar stichhaltige, konkludente und plausible Belege in einer vagen Indizienkette der Plakative wenig schlüssig oder zu einem nachvollziehbaren

"Feindbild" aneinanderhängt. Und all das obendrein ausschließlich auf Grundlage dessen, was an gängigen Mutmaßungen über die Dämonisierten in der Bevölkerung und den Medien ohnehin zirkuliert.

So entpuppt sich dieser Beitrag von Huber als nichts mehr denn ein wilder wie hilfloser Versuch, die Abwanderung aus dem konservativen Spektrum in Richtung der Alternative irgendwie zu stoppen.

Denn trotz des Bemühens - im Gegensatz zur Schwesterpartei CDU - Zweifel daran zu zerstreuen, dass auch ein Bündnis mit den Grünen in Frage kommt, bleibt insbesondere die für viele Wähler wesentliche Frage im Raum: Warum sollte man mit der Union eine ernsthafte, glaubwürdige und radikale Umkehr und Trendwende erzielen können, die notwendig ist, um vom plangesellschaftlichen Geisterfahrerkurs der Bundesrepublik abzukommen - wenn doch die ersten gravierenden Fehler, die zur momentanen Situation unseres Landes geführt haben, bereits unter Schwarz-Rot begangen wurden?

Schließlich nutzt es mittlerweile nichts mehr, mit Blick auf Migration, Transformation oder Nation an einigen Stellschrauben zu drehen. Es braucht das bewusste, willentliche und glaubwürdige Eintreten für einen fundamentalen Mentalitätswechsel, weg von der weltoffenen und grünökologischen Gutmenschlichkeit hin zu einer pragmatischen und konsequenten Vernunftpolitik - die nicht der Ideologie andient, sondern dem Volk. Inwieweit also die Bajuwaren dazu bereit und fähig sind, zu klotzen statt zu kleckern, das steht angesichts eines doch eher handzahm daherkommenden Standpunktes aus München weiterhin völlig in den Sternen.

Es genügt also keinesfalls, wenn wir uns in den Phrasen verlieren, die Flüchtlingsströme nach Europa kanalisieren und regulieren zu wollen. Neben einer konsequenten wie stringenten Abschiebung und Rückführung derjenigen Personen, die mit ihrem Schutzersuchen endgültig gescheitert sind, negativ beschieden wurden und keinen Anspruch auf Aufenthalt mehr bei uns haben, benötigt es ein Engagement für die Auslagerung der Asylverfahren in die

Heimatregionen der Betroffenen - zumindest aber an die Außengrenzen der EU. Durch ein forciertes Grenzregime müssen wir dazu beitragen, dass nur noch diejenigen auf unseren Kontinent vordringen können, welche eine tatsächliche Bleibeperspektive oder eine begründete Fluchtursache vorweisen können.

Ein unmissverständliches Eingestehen dessen, dass wir mit unserer Gutmütigkeit auf diesem Globus ihresgleichen suchende Pull-Faktoren geschaffen haben, die trotz aller Beteuerungen von sogenannten "Studien" die massive Einwanderung in unsere sozialen Sicherungssysteme und das Erodieren des Zusammenhaltes begünstigen - auch diesbezüglich entbehrt es an unverhohlener Ehrlichkeit.

Und wenn wir weiterhin so tun, als gäbe es nicht auch eine in ihrer Herkunft ziemlich eindeutig bestimmbare Gruppierung an Immigrierenden, die mit einem Kalkül von Gewaltbereitschaft und Kriminalitätsexzess in unsere Breiten vorstoßen möchten, bleiben alle Ankündigungen einer harten Hand halbherzig.

Schlussendlich fehlt es also gerade an diesen klaren Aussagen auch bei der CSU, weshalb ihre Anstrengungen um ein Abwerben von Wählern und ein Madigmachen der AfD nicht verfangen können. Nicht viel anders sieht es auch mit Blick auf die nicht nur verkorkste, sondern sinnfreie und infantil gestrickte Energiewende von Minister Habeck.

Die Ankündigung, das Heizungsgesetz rückgängig machen zu wollen, genügt keinesfalls für eine authentische Rückwärtsrolle. Solange wir nicht dem Narrativ der ausschließlich menschengemachten Erderwärmung abschwören und zu einer rationalen Einsicht gelangen, dass es weder nachhaltig, sozial gerecht oder wirtschaftlich angemessen erscheint, eine Erneuerbaren-Industrie mit massiv einseitiger Subventionierung aus dem Boden zu stampfen - statt einen schrittweisen, angemessenen und verhältnismäßigen Umstieg von den Fossilen auf eine Bandbreite an technologieoffenen Ausweichmöglichkeiten ohne reflexartigen Ausschluss bestimmter Optionen zu beschreiten, werden sich diejenigen nicht von der CSU überzeugen lassen, welche sich um Deutschland mit seiner internationalen Wettbewerbsfähigkeit und Standortattraktivität zu Recht Sorgen machen. Der Missstand liegt nicht alleine in den Scheuklappen, welche die Ampel einer naiven Bürgerschaft aufgesetzt hat, sondern vor allem im Machtmissbrauch durch die selbsternannten Eliten in der Berliner Waschmaschine, die die Demokratie zur Oligarchie umfunktionieren wollen - und aus einer redefreien Gesellschaft eine totalitäre Meinungsdiktatur machen möchten.

Und am Ende hilft es auch nicht viel weiter, wenn zwar in Bayern die Kruzifixe wieder in den Eingangsbereichen der Verwaltung hängen und in Behörden das Gendern untersagt wird, aber gleichzeitig auf Bundesebene der Ausverkauf unserer kulturellen Werte, unserer nationalen Identität, unserer Sprache und unserer Religion zugunsten eines Pluralismus weitergeht. Der irrwitzige und ad absurdum getriebene Selbstbestimmungsbegriff, der mittlerweile zur vollkommenen Beliebigkeit ermutigt und sich nicht nur von der natürlichen Binarität verabschiedet, sondern jegliche Geschlechterzuschreibung komplett negiert, bringt unserem Miteinander ein Höchstmaß an Unzuverlässigkeit, Nonkonformität und Willkür ein. Die Verbindlichkeiten in einer kollektiven Ordnung werden einem queeristischen Bestreben der endlosen Eigenfindung geopfert - und damit alle Anknüpfungspunkte für die in einem Verbund zwingenden und gemeinsamen Konventionen preisgegeben.

Solange es also an einer unmissverständlichen Absicht mangelt, diesen ungezügelten Individualismus durch sozietäre Eckpfeiler bindend zu begrenzen, sind sämtliche Phrasen über einen Widerspruch zum Transienten einigermaßen untauglich, auf den Pfad gemeinschaftlicher Verbürgtheit zurückzukehren. Daher bleibt mir zusammenfassend nichts anderes zu attestieren als der Rat, sich als Wähler doch eher dem Waschechten statt dem Greengewashten zuzuwenden.

Ungemach von links

Der Deutsche scheint ein Stück weit lernunwillig und bildungsunfähig. Denn dass sich nach zwei Diktaturen erneut ein Wunsch nach Führung in unserem Land ausbildet, die sich in autoritärer Art und Weise in die Wirtschaftskreisläufe und das persönliche Leben der Menschen einmischt, ist doch einigermaßen bezeichnend.

Haben wir nichts mitgenommen an abschreckenden Erfahrungen der Unterdrückung, aus der zentralgelenkten Maschinerie, von einem übergriffen Staat? Dass sich in diesen Tagen offenbar nicht wenige Bürger einen renitenten und absoluten Ökosozialismus wünschen, der nicht nur darüber bestimmt, wie wir heizen oder mit welchem Auto wir fahren.

Er macht sich mittlerweile auch daran, unsere Finanzströme überwachen zu wollen, unser Denken zu beeinflussen, unsere Ernährung zu veganisieren, unsere Ökonomie abzuwracken, Wohlstand zu vernichten, unsere Sprache zu formen, unsere Toleranz bis in den Exzess zu strapazieren und unsere Medien auf Linie zu bringen. All das scheint an denjenigen vorbeizugehen, die sich mit unserer Ampel in deren gemeinsames Wolkenkuckucksheim zurückgezogen haben - welches geschützt ist durch Brandmauern und ideologische Scheuklappen. Was sie mit ihrer Tyrannei dem Land antun, das erkennen sie auch deshalb nicht, weil sie regelmäßig von sich ablenken. Sie lassen gegen die Opposition aufmarschieren, orchestrieren eine wildgewordene Schafherde wie eine Marionette.

Dem gutgläubigen Mitschwimmer von Welt ist es egal, ob man in seine Eigentumsrechte eingreift oder ihm seine Identität nimmt. Denn er ist nicht nur zur Kasteiung, Entbehrung und zum Verzicht bereit, um eine lebensfeindliche Vorstellung der Klimaneutralität durchzupeitschen - sondern ohnehin noch immer von der geschichtlichen Erbsünde geplagt, von der festsitzenden Kollektivschuld in den Seelen jener zerfressen, die mit Heimat, Herkunft und Verankerung nichts anzufangen wissen.

Wem das Selbstwertgefühl abhandengekommen ist, der fühlt sich nur dann stark, wenn er sich mit Gleichgesinnten zum gemeinsamen Knebeln und Blöken vor dem Brandenburger Tor versammeln kann - um sich sodann in der Homogenität der Minderheitsmasse in chinesischen-nordkoreanischer Manier im weltanschaulichen Gleichschritt und analogen Applaus für Habeck und seinen Dunstkreis der gemeinsamen Verblendung zu rühmen.

Vergemeinschaftung wird auch deshalb angestrebt, weil sich unter den Protestierenden manche Alltagsverweigerer befinden, die sich in einer bis zur Unkenntlichkeit verramschten Solidarität nur allzu gerne auf das Netz verlassen, das in einer egalitären Gesellschaft zu den utopischen Grundsätzen gehört. Gescheitert sind die bisherigen Versuche der antiklassizitären Propaganda nicht nur an der Wirklichkeit, sondern am Widerstand von Kämpfern gegen Obsession - und für die Freiheit. Und eine derartige Gegenbewegung zeichnet sich glücklicherweise auch in diesen Tagen ab. Denn auch wenn uns der politisch abhängige Rundfunk suggerieren möchte, dass wir 2024 in einer linken Republik leben, so offenbart sich bei nüchterner Betrachtung der Umstand: Von rund 83 Millionen waren 82 Millionen nicht auf der Straße. Sie sind die tatsächlich schweigende Mehrheit, die darauf wartet, als Souverän bei den anstehenden Abstimmungen mit ihrem demokratischen Mittel der Stimmabgabe eine Veränderung zu bewirken. Denn die Demoskopie pfeift es mittlerweile wie die Spatzen vom Dach: Es isch over mit grünen Planspielen.

Die Menschen in der Mitte werden durch die Polarisierung zerrieben!

Die derzeitige Polarisierung in unserer Gesellschaft zwischen Rechts und Links führt einerseits zu einer Schwächung der Mitte, andererseits aber auch zur Chance, diese wieder neu aufzubauen und wertzuschätzen. Mittlerweile gelten diejenigen, die sich nicht mehr in das Schwarz-Weiß-Raster einordnen lassen, als eine zerriebene Verschubware, die man im Zweifel gegen ihren Willen in eine der von Menschen guten Glaubens - aber ohne guten Willen - definierten Kategorien einsortiert.

Wer nicht auf der richtigen Seite der Geschichte steht, steht auf der falschen. Diese Automatismen werden aktuell insbesondere durch diejenige Bevölkerungsklientel gepusht, die mit Vehemenz darauf drängt, dass sich der verantwortungsvolle Bürger von Weltoffenheit jenseits oder diesseits der sogenannten Brandmauer positioniert - welche in einer Demokratie so unnötig ist wie ein Kropf. Die durch die Regierung geförderte Aufwiegelung und Aufstachelung einer gesamten Republik findet nur wenige Vergleiche in der neueren Vergangenheit. Selbst in der DDR ging der Aufstand des Volkes nicht von den Diktatoren aus, sondern von der Basis. Vergleiche hierzu verbieten sich aber auch schon deshalb, weil heute nicht mehr für die Freiheit gekämpft wird, sondern für eine Einschränkung derselben.

Es bedarf im Augenblick viel Kraft, sich nicht vereinnahmen zu lassen von jenen, die partout darauf drängen, sich entscheiden zu müssen. Und so zeigt der Blick auf die Historie auch, dass es stets die Vermittler von Vernunft und Pragmatismus waren, die aus den festgefahrenen Konflikten herausgeführt haben. Dialogbereitschaft statt Abschottung, Zuhören statt Brandmarken, Verstehen statt Verachten.

Eigentlich könnten die Prinzipien der unserer Grundordnung so leicht verständlich sein, würden sie nicht von denjenigen kleingeredet, die an einem Prozess der Befriedung kein Interesse haben. Immerhin müsste man sich im Zweifel des eigenen

Versagens bewusstwerden, Versäumnisse eingestehen und Besserung geloben. Doch Einsichtsfähigkeit ist in diesen Tagen genauso rar wie die Bereitschaft, die Scheuklappen abzulegen und sich bei klarem Verstand und mit reflektierendem Weitblick den fatalen Irrweg klarzuwerden, den Deutschland als über die eigenen Grenzen isolierter und international belächelter Außenseiter eingeschlagen hat.

Eine weitere Spaltung unserer Nation verschärft den identitäts- und kulturpolitischen Kampf um die Deutungshoheit des Zustandes der Republik. Für Robert Habeck ist die Lage nicht dramatisch, es sind ja lediglich die Zahlen. Und so versucht man uns zu suggerieren, zu implementieren und weiszumachen, dass es nebenbei der hohe Krankenstand sei, welcher das ökonomische Übel verursacht.

Um gerade diesem irrwitzigen Informationsmonopol entgegenzutreten, braucht es die Wachheit von nicht-systemkonformen Parteien und Medien, die es zumindest vermögen, dass nicht noch weitere Bürger an den Dornröschenschlaf

verloren gehen. Denn obwohl man eigentlich
davon ausgehen sollte, dass wir aus den
zwei Autokratien des vergangenen
Jahrhunderts gelernt haben sollten, ist die
die Naivität und Blauäugigkeit in unserem
Land auf einem erschreckenden Vormarsch.

Deshalb steigt auch die Anfälligkeit, sich von
Onkel Robert Geschichten vorlesen zu
lassen, um sich später in seiner Traumwelt
der lebensfeindlichen Klimaneutralität,
zwischen Wärmepumpen und E-Autos,
zwischen Windrädern und Solarpanelen,
zwischen Veganismus und Genderismus,
wiederzufinden.

Daher braucht es diejenigen dringender
denn je, die sich nicht den Sand des grünen
Wirtschaftswunders in die Augen streuen
lassen, sondern gerade an jene Individuen in
unserer Bevölkerung appellieren, die noch
nicht in der blökenden und Zustimmung
klatschenden Schafherde untergegangen
sind - und sich von unserem Oberhirten in
der Berliner Waschmaschine etwas von
einer positiven Zeitenwende eintrichtern
lassen. Die sich an all die Distanzierten und
Skeptischen wenden, welche sich nicht von

Menschenfängern für den Fanclub "Uns Olaf" abwerben ließen. Und an Journalisten, welchen das Rückgrat und das Berufsethos noch mehr bedeuten als die Karriere oder das Wohlwollen ihrer Chefs, die ohne Rundfunkgebühren oder Presseförderung auf manchen Ledersessel in der Redaktion verzichten müssten. Eine weitere Kartellbildung wird zwangsläufig zu einem zusätzlichen Erstarken der beiden Pole führen. Dies kann entweder mit den bereits bestehenden politischen Kräften geschehen - oder mithilfe einer weiteren Zersplitterung auf dem Tableau des politischen Wettbewerbs.

Gleichsam sollte man sich nicht schon wieder Parallelen zur Weimarer Republik einreden lassen, denn es war nicht allein die Ausdifferenzierung der Parteienlandschaft, welche später in die Katastrophe führte. Dennoch können und sollten wir in einem Zeitalter der Egozentrik trotzdem versuchen, Interessen zu bündeln - statt uns aus Befindlichkeiten weiter aufzudröseln. Das Gebot der Stunde ist die Zusammenarbeit. Gerade auch dann, wenn sich der Block der Etablierten einer Kooperation mit dem wertkonservativ-nationalpatriotischen Lager schon aus antidemokratischem Prinzip heraus verwehrt. Ein Sammelbecken und eine Graswurzelbewegung derjenigen, die nicht weiter nach rechts gerückt sind, sondern die aufgrund des Linksdralls und eines durch die Einflussnahme einer oligarchischen Minderheit verschobenen Kompasses plötzlich als radikal, populistisch oder extrem gelten - obwohl sie heute keine anderen Positionen vertreten als noch vor ein paar Jahren.

Sie sind lediglich standhaft geblieben, als man versuchte, die Landkarte neu auszurichten. Und gerade diese Leute braucht es, die auf dem "rechten" Weg sind - und sich ihre Standhaftigkeit auch nicht durch Moralisierung, Einschüchterung oder Drangsalierung nehmen lassen. Bündnisse all jener Zeitgenossen, die das Beste für unser Land möchten, die Brücken bauen können und sich dem Gespräch nicht verwehren. Die nicht nur für den eigenen Geldbeutel arbeiten, das Ich oder die Ideologie - sondern für ein Ende des Niedergangs, des Ruinierens, des Zerstörens von Heimat und Zukunft.

Eine Gesellschaft entkernt sich ihrer Werte

Dass wir in einer sexualisierten Gesellschaft des 21. Jahrhunderts mit Sitten, Normen und Werten nicht mehr allzu viel anfangen können, liegt unter anderem auch an den Auswirkungen des Hofierens von Feminismus und Queerness in einer zeitgeistigen Umgebung aus rebellischem Antiautoritarismus gegen gemeinschaftliche Konventionen und in einer überstrapazierten Selbstbestimmung.

Der Freiheitsbegriff wurde insofern pervertiert, als dass dem Einzelnen jedwede Entfaltungsmöglichkeit zugestanden wird - denn andernfalls droht das Totschlagargument der Diskriminierung. Dass wir uns nicht mehr an Grenzen des ethisch Hinnehmbaren halten, zeigt sich an vielerlei Stellen in unserem Miteinander: Da denken wir nicht groß darüber nach, was aus einem One-Night-Stand resultieren kann. Im Zweifel kann man das Ergebnis ja "wegmachen". Zellklumpen sind kein Leben - Hauptsache, Mann und Frau haben Spaß gehabt, Triebe ausgelebt und sind allein ihren egozentrischen Ansprüchen gerecht geworden. Oder bei der Suche nach der eigenen Identität: Gab es einst noch Schattierungen innerhalb der natürlichen Binarität, bewegen wir uns heute in der Orientierung zwischen Kopfsalat und Meerschweinchen.

Und während man heute Kontaktscham gegenüber der AfD empfindet, geniert man sich gleichermaßen nicht, auf unter dem Deckmantel der Liebe und Weltoffenheit fingierten Paraden und "Demonstrationen" seine besten Stücke zu präsentieren. Auf einer Welle von einem Spät-68er-Flair reitend, machen die Gutmenschen auch nicht mehr davor Halt, unsere Kleinsten frühstmöglich mit einer völlig unerträglichen Aufklärung und Eigenfindung zu konfrontieren.

Sie haben noch nicht einmal die Schule erreicht, da sollen sie schon bei sich und Anderen "erkunden", ob sie lieber asexuell, trans oder divers leben möchten - und die Erfahrung machen, dass Befriedigung bereits im Alter von vier oder fünf zu Stressabbau und Leidenschaftlichkeit verhelfen kann. Wir kehren zurück zu einer sogenannten "Früherziehung", die letztendlich nichts Anderes ist als ein seelischer Missbrauch unserer Kinder, die zum Werkzeug gemacht werden, um eigene Fantasien und Begierden zu verwirklichen.

Zu Instrumenten der Dissonanz, zu entmenschlichten Wesen der bloßen Rolle, Äußerlichkeit und Lust. In Masturbationsräumen soll ihnen jegliche Intimität genommen werden. Praktiken, Vorstellungen und Haltungen gegenüber dem Urinstinkt der Fortpflanzung werden mitten in einer Phase angeregt, in der üblicherweise das soziale Interagieren durch Sprechen, Kommunizieren und Positionieren in der Umgebung von Gleichaltrigen gefördert werden sollte.

Man vergeht sich an der noch hilflosen Integrität des Nachwuchses, spürt Macht und Überlegen beim Gedanken, diesen indoktrinieren und nach den eigenen Abnormitäten formen zu können. Insgeheim geht es um das Demonstrieren und Legitimieren päderastischer Einflussnahme,

Unterdrückung und Beziehung. Durch eine zweckentfremdende Verkehrung der Psychoanalyse als Rechtfertigungsgrundlage ist man gewillt, die Jüngsten zum erotischen Empfinden und Wahrnehmen noch völlig ungereifter, desorientierter und nach Bewahrung und Schutz rufender Gefühle zu ermutigen.

Letztendlich bestärkt man sie zu einer lebenslangen Irrfahrt auf dem Gewässer der Geschlechterlosigkeit, nimmt ihnen damit die Chance auf Heimat und Bekenntnis - und degradiert sie zu einem Objekt des Experiments, Paraphilie bereits mit dem Schnuller einzugeben. Dieses erbärmliche Gebaren der praktizierten Hegemonie von Erwachsenen mit geschrumpften Genitalen und Hirnen, die in der Doktrin der "Entwicklungsförderung" ihre Komplexe kompensieren wollen, braucht Einhalt derjenigen, die unsere Sprösslinge gegen die Laszivität der gewissenlosen Feiglinge verteidigen wollen.

Die Ideologie des Genderismus hat also insbesondere auch dazu geführt, dass wir den Befindlichkeiten eines Einzelnen oder

einer Gruppe in einem falsch verstandenen
Freiheitsverständnis unter der ständigen
Androhung der Moralkeule der
Diskriminierung und Ungleichbehandlung
mittlerweile größeres Gewicht schenken als
dem Anspruch einer gesamten Gesellschaft
auf Teilhabe und Inklusion.

Was zunächst wie ein Widerspruch klingen
mag, macht sich an der Sprachverirrung
deutlich, die die sogenannte
Geschlechtersensibilität mit sich gebracht
hat.

Ganz unabhängig davon, dass über
Jahrhunderte hinweg das generische
Maskulinum im Deutschen völlig
selbstverständlich anerkannt und von
niemandem infrage gestellt wurde - bis dann
irgendwann ein aufgeklärter Feminismus
kam, der sich in dieser Regelung nicht mehr
genügend berücksichtigt sah -, verramscht
die Anwendung von Sonder- und Satzzeichen
wie Sternchen, Doppelpunkten oder
Unterstrichen innerhalb eines geschriebenen
oder gesprochenen Wortes nicht nur das
Schriftbild, sondern erschwert Rede- und
Lesefluss ungemein.

Durch ständige Unterbrechungen werden Texte sogar für die kaum noch nachvollziehbar, die sich mit dem Verständnis von anspruchsvolleren Inhalten ansonsten nicht abmühen müssten. Doch was ist dann erst mit denen, die mit unseren bürokratischen und amtlichen Formulierungen oftmals ohnehin nicht zurechtkommen - und nun auch noch die Leistung erbringen sollen, künstlich herbeigeführte Zäsuren in der Abfolge von Buchstaben kognitiv verarbeiten zu müssen?

Hier geht es also um eine Ausgrenzung einer nicht unerheblichen Zahl an Bürgern, die einen objektiven Anspruch auf Mitnahme haben. Und da müssen die Selbstwertkomplexe von denjenigen hintanstehen, die sich offenbar auch von sexusindifferenten Vokabeln nicht mehr angesprochen fühlen - sondern dem Reiz des *in, :außen oder _ende kaum zu widerstehen wissen.

Gut gemeint ist nicht
zwingend auch gut gedacht

"Edel sei der Mensch, hilfreich und gut", so heißt es in der Hymne "Das Göttliche" von Goethe aus 1783. Doch einer der bedeutendsten Deutschen hat mit seinem Werk sicherlich nicht das gemeint, was sich die selbsternannten Wachsamen und Korrekten in diesen Tagen unter Gutmenschlichkeit vorstellen. Kaum eine andere Nation auf diesem Planeten ist derart solidarisch mit Menschen in Not wie die Bundesrepublik.

Ja, es ist vollkommen richtig, dass wir uns für diejenigen offenherzig zeigen, die aus Gründen der Verfolgung bei uns um Schutz bitten. Edel und hilfreich sind wir, wenn wir nach den Grundsätzen der Fairness und Gerechtigkeit handeln.

Das bedeutet eben auch, dass wir ein Vorrangigkeitsgebot leben und praktizieren sollen, welches jene zunächst in den Fokus nimmt, die in unserem nächsten Umfeld in Bedrängnis geraten, die ausgegrenzt oder an den Rand der Gesellschaft gedrängt werden. Seit der von Merkel propagierten Willkommenskultur des "Wir schaffen das!" haben wir uns allerdings zu dem attraktivsten Zufluchtsort für alle Menschen in sozialen und wirtschaftlichen Nöten auf diesem Globus entwickelt, der in seiner völligen Selbstaufgabe nicht mehr nur kaum in der Lage scheint, die geltende Verfassung und existenten Gesetze einzuhalten.

Sondern der es bewusst in Kauf nimmt, eine Spaltung, Desorientierung und Entfremdung unseres Zusammenhalts zu riskieren. Wir haben uns auch mit Blick auf unsere Kultur, unsere Werte und Traditionen auf einen Weg der Erpressbarkeit gemacht.

Denn es sind nicht zuletzt die Medien und eine hypersensible Bevölkerungskohorte, welche sich wiederkehrend des Totschlagarguments der Diskriminierung bedienen, wenn das Bemühen zu scheitern droht, die Toleranz ad absurdum zu führen. Und nicht nur mit Blick auf die Migration hat sich der Wokeismus zu einem Leitbild entwickelt.

Wiederkehrend lassen wir auch moralische und ethische Dammbrüche zu - nicht selten unter dem Verweis auf das Recht auf Eigenbestimmung. Doch wohin soll eine Sozietät am Ende driften, wenn wir sämtliche Konventionen und Regeln aufgeben - um einer endlosen Sinnsuche einer Minderheit gerecht zu werden, die sich nicht mehr im System der Binarität verortet, sondern ihr Geschlecht schneller wechselt als die Jogginghose?

Identität, Bekenntnis und Verwurzelung sind nicht nur mit Blick auf die örtliche und regionale Heimat ein wichtiger Faktor für Kongruenz und Seelenfrieden. Sie ist auch ungemein heilsam und beruhigend, endlich in einem Hafen angekommen zu sein, in dem man mit sich im Reinen ist. Das ständige Ablegen vom bisherigen Genus und Sexus ist nicht nur ein Vergehen gegen die Natürlichkeit und Schöpfung. Sondern sie ist auch ein völlig untypisches menschliches Verhalten.

Denn im Gegensatz zu einem Chamäleon sind wir bereits evolutionär auf Bewährtheit, Gewohnheit und Kontinuität ausgerichtet.

Und das auch aus einem guten Grund. Denn ein Miteinander kann nur dann funktionieren, wenn man sich auf einen Ordnungsrahmen einigt, der Verlässlichkeit für jeden bietet. Sich ständig wie ein Aal aus der Verantwortung entreißen zu wollen und sich vor einer Annäherung einer individuellen Deckungsgleichheit zwischen Objektivität und Subjektivität zu drücken, hat nicht nur etwas mit Unstetigkeit zu tun, sondern kann als Rastlosigkeit und Flatterhaftigkeit den Kitt der Gesamtheit in verantwortungsloser, egoistischer und devianter Weise aufs Spiel setzen.

Derartige Eskapaden sind einer zivilisierten und sittlichen Gemeinschaft unzumutbar, weshalb sie sich nicht auf die Nötigung des Anarchismus einlassen sollte, ihre bourgeoise Erwartungshaltung der launischen Konsternation zu opfern.

Debatte? Nur mit den Richtigen!

Wir erleben in unserer Zeit das massenhafte Phänomen der Diskursunfähigkeit. Wer nicht meiner Meinung ist, der ist generell böse. Die Guten sind nur diejenigen, die auf meiner ideologischen Wellenlänge mit mir gemeinsam gegen Identität, Fundament und Rückgrat anschwimmen. Nach diesem Muster der Kategorisierung und Schablonisierung funktioniert nicht nur unser Weltgefüge, sondern immer öfter auch der enger werdende Horizont einer gesellschaftlichen Kohorte von hochmütigen, elitären und arroganten Mitmenschen - die in Wahrheit nicht in der Lage dazu sind, inhaltlich und argumentativ standhalten zu können, wenn ihnen der Wind aus einer anderen Richtung als von hinten zuweht.

Zwar mag es sich in einem mit Homogenität aufgewärmtem Sammelbecken wohliger anfühlen als in der vom Sturm der Widerrede aufgepeitschten Brandung. Letztlich lässt sich das Verweilen in einem solchen Truggebilde aber nur dann bewerkstelligen, wenn man sich der

Instrumente von Etikettierung, Brandmarkung und Verleumdung bedient. Ohne ein übersteigertes Selbstwertgefühl, welches im Zweifel wie eine Luftblase in sich zusammenfällt, ist das dauerhafte Aufrechterhalten einer radikalen Verallgemeinerung und Abwertung zum Zwecke des Zugehörigkeitsempfindens und einer besseren Überschaubarkeit der sich pluralisierenden Weltanschauungen kaum möglich.

Wer sich aktuell aufschwingt, die Demokratie vor denjenigen retten zu wollen, die rechts seien, erklärt dem Wortursprung nach allen den Krieg, die sich für Rechtschaffenheit einsetzen. Dass es um Ehrlichkeit und Integrität bei vielen Persönlichkeiten, Politikern und Aktivisten nicht gut bestellt ist, dafür braucht es nicht einmal den Blick auf Profile prominenter Persönlichkeiten im Netz.

Wer nicht wohlgesonnen ist, wird blockiert, ausgeblendet oder vorgeführt. Die doppelmoralinsaure Mentalität hat das Ausmaß einer weit über Brandmauern und Segregationsabsichten der Himmelblauen hinausgehenden Isolation erreicht, mit dem man im Zweifel zur Spaltung, Polarisierung und Ausgrenzung bereit ist. Da werden diejenigen noch ermutigt, die ihre Freundschaft zu langjährigen Weggefährten brechen, weil diese plötzlich bekennen, die AfD wählen zu wollen. Da wird ein guter Bekannter von der Geburtstagsfeier ausgeladen, weil er nicht an der Demonstration der Gutmenschlichkeit am Brandenburger Tor teilgenommen hat. Da beginnt eine Mobbing-Attacke auf einen angesehenen Kollegen, nachdem er sich in den Sozialen Medien dem Like für Britta Haßelmann verweigerte.

Die Sortierung von Lebewesen, die mit einer Herabstufung ihrer Würde und Unantastbarkeit einhergeht, entpuppt sich als ein Angriff auf die Grundfeste unseres aufgeklärten Miteinanders. Nachdem zunächst bestimmte Merkmale abgestuft und mit der subjektiven Definition von Schubladen abgeglichen wurden, beginnt die Systematisierung. Das Anlegen von Stereotypen über eine bestimmte politische Gesinnung und die dahinterstehenden Menschen beruht auf einer nachlassenden

Fähigkeit zur Filterung von Reizen. Wer mit Differenziertheit und Abgewogenheit konfrontiert wird, muss ich im Zweifel mit Detailtiefe und Feinheiten befassen, für die es nicht nur einer kognitiven Leistungsbereitschaft, Zeit und Geduld bedarf. Sondern insbesondere auch die Bereitschaft zur Reflexion eigener Überzeugungen, Charakteristika und Assoziationen. Dieses Bemühen kann heutzutage offenbar auch deshalb nicht mehr abverlangt werden, weil für allzu viele verschiedene Bilder in den Köpfen kaum noch Platz ist. Wir sind nicht nur hypersensibel geworden, sondern aufgrund der Vielfalt unnötiger und unnützer Eindrücke aus unserer Umwelt mit der Verarbeitung und Selektion von Nebenschauplätzen überfordert.

Aus einem Schutzmechanismus heraus, schalten wir unsere Filterfunktionen immer gröber - bis sie am Ende nur noch in Schwarz und Weiß unterteilen können. Inwieweit solch ein Lebensentwurf des Rückzugs in den Einheitsbrei tatsächlich erstrebenswert ist, das müssen diejenigen selbst entscheiden, die sich dazu entschlossen haben, ihr Dasein in einer künstlich hergestellten Exklusivität zu verbringen. Wer in der Abgeschiedenheit der Selbstbeweihräucherung einen Mehrwert empfindet, der möge dieser Atmosphäre der Eigengefälligkeit auch künftig beiwohnen. Gleichzeitig darf sich aber niemand mit dieser vereinfachenden und schemenhaften Einstellung wundern, dass die persönliche Abstumpfung und Verrohung - die in der Dynamik der wechselseitigen Bestätigung unter Gleichgesinnten in einem rasanten Tempo voranschreiten kann - irgendwann zu einem Bumerang wird.

Denn wer das natürliche Bedürfnis nach einer emotionalen Alterität dauerhaft unterdrückt, um sich in der Sicherheit von Vorurteilen ecken- und kantenlos durch die reale Welt zu bewegen, der riskiert das Ausdorren der Seele. Welchen Schaden man damit nicht nur gegenüber seinen Nächsten und Mitgeschöpfen anrichtet, sondern der eigenen Persönlichkeit, Stil und Typus, macht sich an den vielen Brüchen deutlich, die derzeit im Namen des grünwoken Rächertums in Kauf genommen werden.

Wahnhaftigkeit trifft die Stimmung in unserer Gesellschaft momentan durchaus zutreffend. Hier geht es allerdings nicht um eine mögliche Rassifizierung innerhalb der AfD oder eine von Rechtsextremen organisierte Wiederholung der Vernichtung von bestimmten Ethnien oder Religionsanhängern. Viel eher treibt die Paranoia der aufgeschreckten „Nie Wieder"-Seelen ihr Unwesen. Wenig erinnert an die Situation vor 1933.

Dass es in der Bundesrepublik Antisemitismus, Rassismus und Ressentiments gegenüber unterschiedlichen Kulturen und Gruppierungen gibt, ist keine besondere Schlagzeile wert. Jedes Volk kennt ein mehr oder weniger überschaubare Kohorte an abgedrifteten Hetzern innerhalb der eigenen Reihen. Dass die Zahl dieser eingefleischten Hassträger bei uns eklatant angewachsen sein soll und wir gar vor einer Machtübernahme von Identitären stehen, deren Gesinnung auf „Twitter" und anderswo in den letzten Tagen mithilfe von durch Antifaschisten geposteten Bildern der Einfahrten in ehemalige Konzentrationslager in irgendeiner Weise mit der Geisteshaltung der Nationalsozialisten in Verbindung gebracht werden soll, stellt nicht nur eine verwerfliche Relativierung darf.

Stattdessen zeugt diese leichtfertige Parallele - vor der mittlerweile nicht einmal mehr SPD-Minister Halt machen - von einer offenbar erheblich defizitären Bildung in Sachen Geschichte und Psychologie der damaligen Verhältnisse. Mittlerweile habe ich einige Funktionäre und Persönlichkeiten aus den Reihen der Alternative für Deutschland kennengelernt. Natürlich kann man mir große Naivität unterstellen, dass ich gutgläubig und ohne Vorurteile auf sie zugegangen bin.

Und natürlich darf man mir auch fehlende Menschenkenntnis vorhalten. Schlussendlich bin ich aber auf kein einziges Gegenüber gestoßen, das mich erahnen ließe, wonach von ihnen auch nur annähernd eine Politik verfolgt wird, die mit unserer Verfassung nicht vereinbar wäre. Ja, es gibt in dieser Partei Ausreißer. Doch Radikale finden sich auch bei Grünen und Linken zuhauf. Sie sind nicht repräsentativ für eine politische Kraft in ihrer Gesamtheit, von der ich auch weiterhin den Eindruck habe, dass sie zwar eine zugespitzte, markante und bis teilweise an die Grenze des rechtlich Möglichen gehende Programmatik verfolgt.

Dass es aber zu Übertretungen kommt - beispielsweise in Form des Gedankens, auch eigene Staatsbürger in fremde Länder zurückführen zu wollen - entstammt der medialen Aufblähung einer mittlerweile eindeutig als rechtsstaatlich und journalistisch überaus bedenklich einzustufenden Erlangung von offenbar verfälschten Informationen eines finanziell, politisch und lobbyistisch abhängigen Recherchezentrums namens „Correctiv".

Hier wurde orchestriert und gelenkt versucht, gutgläubige Massen auf die Straßen zu treiben - und verunsicherte, manipulierbare und hörige Lämmer gegen eine angebliche Neuauflage des Dritten Reiches zu mobilisieren. Es gab keine Aufarbeitung der scheinbar mit unlauteren Mitteln erworbenen Kenntnisse der

Wannseekonferenz 2.0, sondern das bis heute andauernde und massiv gepushte Polarisieren geht weiter.

Anstatt sich dem Skandal zuzuwenden, dass eine breitflächige Medienlandschaft auf eine einzige, ungeprüfte und offensichtlich gegen jegliche berufsethische Grundsätze verstoßende Quelle zurückgreift, deren Dramaturgie nachplappert und die zur Verfügung gestellten Inhalte eines sogenannten Geheimtreffens - welches in geordneten Verhältnissen eigentlich dem Schutz von Persönlichkeit, Integrität und Privatheit unterliegen sollte und nicht des Angriffs von Lauschern zugänglich sein dürfte - schamlos verzerrt, interpretiert und in einer nie dagewesenen Enthemmung aus "Remigration" ungeniert "Deportation" macht, warnt nun ein Verteidigungsminister bezeichnenderweise ausgerecht vor Hitler'schen Zuständen.

Und ohne irgendwelchen Zeitzeugen von damals zu nahe treten zu wollen, sind wir für mein Dafürhalten doch weit weg von diesem in Perfidität nicht zu überbietenden Genozid des Holocaust - aber nicht ganz so entfernt von einer gleichmachenden Vereinnahmung von Presse und Parteien für ein fixes Ziel der Unterdrückung einer ehrlichen Auseinandersetzung mit dem wirtschafts-, migrations-, identitäts- und innenpolitischen Versagen der Ampel.

Die Rente bleibt sicher - dank (illegaler) Zuwanderung?

Was hatte man uns anhand von wissenschaftlichen Studien immer wieder einzutrichtern versucht, dass die massenhafte Migration nach Deutschland nicht auf den Pull-Faktor unserer offenen Sozialsysteme zurückzuführen sei. Den Forschern, die zu dieser Erkenntnis gekommen waren, hätte ich gerne eine Einladung ausgesprochen, sich einmal mit mir als Flüchtlingshelfer zu unterhalten, der mittlerweile seit acht Jahren Menschen begleitet, die in Deutschland nach ihrer Reise in Richtung Europa ankommen. Ich hatte mich als Integrationsberater auch deshalb ausbilden lassen, weil es mir ein Anliegen war, denjenigen zu helfen, die aufgrund tatsächlicher Verfolgung in ihren Heimatländern berechtigten Schutz bei uns gesucht haben.

Und anfangs habe ich auch erlebt, dass eine große Mehrheit derjenigen, die hier eintrafen, mit Respekt vor unserer Demokratie und unseren Werten, dem

Willen zur Anpassung und der Bereitschaft
zur Arbeit versehen waren. Doch spätestens
ab etwa 2018 änderte sich diese Einstellung
der Asylsuchenden kontinuierlich. Da ging es
nicht mehr vornehmlich um die Frage, wie
man sich in die Gesellschaft eingliedert,
sondern wie man die meisten Leistungen
vom Staat abzweigen kann.

Zugegeben: Das war auch für mich eine
bittere Erkenntnis, deshalb musste ich mich
ehrlich machen - und halte mich seither
strikt an meine eigenen Ansprüche,
Unterstützung nur noch denen zuteilwerden
zu lassen, welche ein offensichtliche
Bleibeperspektive mitbringen - und die
begründet rechtfertigen, weshalb sie auf
legalem Weg in die Bundesrepublik
eingereist sind, ihre Identität nachweisen
können und sich zu unseren Regeln
bekennen.

Personen, die bereits mit Radikalität oder
Gewaltbereitschaft auffallen, ihre wahre
Herkunft zu verschleiern versuchen oder
vornehmlich mit der Frage befasst sind,
wann das erste Bargeld vom Amt fließt,
haben für mich keinen Anspruch auf

Humanität. Sie verletzen die Grundsätze des Asyls, tarnen sich allein aus wirtschaftlichen oder sozialen Gründen als Flüchtlinge und nehmen denjenigen die Kapazitäten weg, die tatsächlich bedürftig sind.

Denn auch wir müssen in unserem reichen Land mit materiellen, finanziellen und personellen Ressourcen sorgsam umgehen. Entgegen linksgrüner Überzeugungen kann die Bundesrepublik nicht die Welt retten - und sie will es auch nicht. Denn bereits internationale Konventionen sehen vor, dass nicht jedes Lebensrisiko von Menschen in der Ferne durch andere Gesellschaften abgefedert werden kann.

 Selbst wenn man sich das Paradies auf Erden für alle wünscht, so gibt es andere Realitäten, an denen wir uns orientieren müssen. Traumgebilde sind kein geeigneter Ratgeber für eine pragmatische Politik, die gerade in der jetzigen Zeit mehr denn je gefordert ist. Deshalb scheint es ein offenbar wirksames Konzept der Bezahlkarte zu sein, die tatsächlichen Hilfsbedürftigen von den als Trojanisches Pferd verborgen bei uns Immigrierenden zu unterscheiden.

Deutschland kann und darf sich nicht an den Tropf hängen und ausbluten lassen, seinen hart erarbeiteten Wohlstand auf direktem Wege in die Heimatregionen von Menschen fließen zu lassen, die sich zwar aus subjektiver Sicht in Not befinden mögen - aber eben nach den geltenden Gesetzen in unserem Land keinen Anspruch auf Obdach hier oder Lebensunterhalt für die ganze Familie zuhause haben.

Nach uns die Sintflut!

Der deutliche Rückgang der Geburtenrate in Deutschland ist unter anderem auch mit einer den Wert des Lebens zunehmend zu relativieren versuchenden Ideologie von Klimafanatikern, Abtreibungsbefürwortern und Egoisten verbunden, welche sich immer deutlicher Bahn bricht. Da sind es die Erhitzungsapokalyptiker, welche sich sterilisieren lassen, um keinesfalls ein Kind gebären zu müssen, das Ressourcen verbraucht und CO2 ausstößt.

Oder die Feministen, die darauf bestehen, ein isoliertes und mit dem Anspruch auf Hiersein eines neuen Erdenbürgers nicht abgewogenes Selbstbestimmungsrecht über den eigenen Körper der Frau durchzusetzen - und im Zweifel das Heranwachsen dies neuen Geschöpfes durch einen künstlich herbeigeführten Abort abzubrechen. Oder die Karrieregeilen, die Nachwuchs als eine Behinderung in ihrem Erfolgsbestreben auffassen - und das evolutionäre Rollenmodell allein deshalb in Frage stellen, weil ihnen Haushaltsführung und Erziehung zu altmodisch, rechtsradikal und frauendiskriminierend sind. Wir bewegen uns also in einer Mentalität, in der die kollektive Verantwortung für die Zukunft unserer Gesellschaft in den Hintergrund getreten und der Individualismus an die erste Stelle gerückt ist. Uns ist jeder Respekt vor der Bedeutung unserer Nachkommenschaft verlorengegangen, weil sich in vielen Köpfen offenbar eine Gleichgültigkeit breitgemacht hat.

"Nach mir die Sintflut" - das scheint nicht mehr nur für die „Letzte Generation" zu gelten, sondern auch für diejenigen, welche sich der ethischen Verpflichtung zum Erhalt unserer Spezies aus Verachtung gegenüber Heimat und Herkunft verschrieben haben. Dass wir in diesen Tagen durchaus Sorge vor dem Morgen haben und in die Erwägung mit einbeziehen, wonach man die aktuellen Zustände und ihre weitere Eskalation einer nachfolgenden Alterskohorte nicht zumuten möchte, kommt einer Kapitulation gegenüber all den Herausforderungen gleich, die zwar komplex und teils höchstdramatisch sind. Doch statt sich mit Motivation an die Wurzel des Übels zu begeben, scheinen wir in einer gemeinschaftlichen Depression zu versinken - und den Kopf in den Sand zu stecken. Es ist gleichermaßen verantwortungslos, einseitig und kurzsichtig, wenn wir uns auf die Position zurückziehen, dass die Kleinsten nicht in einem Lebensumfeld des völligen Chaos aufwachsen sollen. Wenn wir unser Land und seinen Fortbestand jetzt aufgeben, dann lassen wir die Chancen ungenutzt, die sich zur Wende bieten. Nein, ich habe das Vertrauen in eine radikale Umkehr noch nicht weggeworfen. Denn ich tue mir prinzipiell mit Kipppunkten schwer. Denn weder bei den Durchschnittstemperaturen scheinen sie mir erreicht, noch in den zweifelsohne bedrohlichen Versuchen zur Erodierung unserer kulturellen Singularität.

Wir sollten das Feld nicht denjenigen überlassen, die im Sinne des Pluralismus die deutsche Wesenseinheit sukzessive auflösen und sie durch eine Utopie des Multikulturalismus ersetzen möchten. Stattdessen braucht es jetzt mehr denn je ein Bekenntnis, die hierzulande noch bestehenden Mehrheitsverhältnisse mit Blick auf ethnische Verankerung, gemeinsame Sprache, Tradition, Geschichte,

Normen, Religion, Werte, Ursprung und Sozialisation zu verteidigen. Um die Funktionalität der Bundesrepublik auch künftig zu gewährleisten, bedarf es keiner massenhaften Zuwanderung aus aller Herren Länder, die allein die Zahl der Einwohner kompensiert, aber sie nicht in ihrem Fundament festigen kann. Denn es ist nicht die Arbeitsmigration, welche aktuell unsere Strukturen überflutet.

Es sind überdurchschnittlich viele - nicht selten illegal eingereiste - Asylbewerber mit einer geringen beruflichen Qualifikation und einer mangelnden Offenheit zur Mitwirkung an Wohlstand, Wirtschaftlichkeit und Prosperität, die unsere Kapazitäten in Anspruch nehmen, aber für die ökonomische, identitäre oder gesellschaftliche Entwicklung von Deutschland keinen Beitrag zu leisten in der Lage oder gewillt sind.

Denn eine Nation besteht eben nicht allein aus der quantitativen Größe, sondern vor allem auch aus der qualitativen Fähigkeit, den Laden am Laufen zu halten. Entsprechend macht es nicht die Menge, sondern insbesondere die Leistungsbereitschaft der Menschen in einer Gruppe aus, die am Ende darüber entscheiden wird, wie das Morgen eines Miteinanders aussieht.

Wir können die Zahl der Geburten bei uns nur dann steigern, wenn wir einerseits den sozialen Sprengstoff in unserem Land entschärfen und eine Verbesserung der Lebensbedingungen hinsichtlich finanzieller, materieller und existenzieller Sicherheit erreichen. Andererseits muss es wieder ins Bewusstsein rücken, dass ein Junge oder Mädchen das größte Geschenk sind, das man uns machen kann. Wir brauchen Rückhalt für Familien und eine Unterstützung von Eltern in allen Phasen von Schwangerschaft und des Aufwachsens ihrer Sprösslinge.

Letztendlich bedarf es darüber hinaus einer ideellen Würdigung dieses Engagements, das Vater und Mutter einbringen, um unserer Gemeinschaft zu Vitalität zu verhelfen. Und auch politisch muss darüber nachgedacht werden, inwieweit die Rahmenbedingungen optimiert werden können, um unabhängig von Einkommen, Status oder Alter den Entschluss zum Kinderkriegen zu erleichtern und sich der Unterstützung des Staates und von uns allen gewiss sein zu können. Es braucht Anreize, aber auch Respekt. Im Augenblick herrscht eine Stimmung vor, die vielen jungen Erwachsenen den Mut zum Zuwachs nimmt.

Denn die Anerkennung, Abkömmlinge großzuziehen und sich damit auch in den Dienst unserer Sozietät zu stellen, ist der kruden Weltanschauung gewichen, dass sich im Zweifel die Anderen darum kümmern können. Der Verspottung gerade aus linken Kreisen, welche jene herabwürdigt, die sich eben nicht einem Laissez-Faire-Narzissmus hingeben, sondern ihren Teil zum Gedeihen unseres Volkes zusteuern möchten, muss die Solidarität aller entgegengesetzt werden, denen der Bestand Deutschlands am Herzen liegt.

Scham bis zum Schluss?

Es ist noch nicht allzu lange hier, da schien Deutschland auf einem guten Weg, die Aufarbeitung seiner dunklen Vergangenheit insoweit vorangetrieben zu haben, als dass die Kollektivschuld bei denjenigen nicht mehr zur Charakterlichkeit gehörte, die weit nach dem Zweiten Weltkrieg geboren wurden - und aus der Historie vornehmlich die Mahnung zur Verantwortung für ein „Nie Wieder" der grausamen Dehumanisierung von Holocaust und Nationalsozialismus mitnahmen, ohne sich in geißelnder Haftung für das zu entschuldigen, was Vorfahren angerichtet hatten.

Deshalb galt noch im vergangenen Jahrzehnt das Bekenntnis zu Konservativismus, Bürgerlichkeit und Patriotismus als Tugend des Bewahrens von Identität, Heimat und Prinzipien. Und es war auch nicht verwerflich, sich als rechts zu bezeichnen. Doch nur Augenblicke später wandelte sich die Definition dessen, was mit Blick auf die persönliche Herkunft als ansehnlich, respektiert und wertgeschätzt galt.

Mittlerweile ist man aus Sicht der politischen Korrektheit sogar innerhalb der CDU ein Extremist, wenn man sich für eine stringente Regulierung der illegalen Einwanderung ausspricht - oder im Bundestag die Nationalflagge hochhält.

In einem kaum vergleichbaren Tempo hat sich die Segregation, Brandmarkung und Denunzierung eines ganzen Bevölkerungsklientels dynamisiert, nachdem das Linke in diesem Land - von SPD über Grüne bis Sozialisten - die Kompassnadel an sich riss und den Wertemaßstab hinsichtlich des Guten und Bösen kurzerhand umdeutete. Plötzlich fand sich derjenige, der die Christdemokraten wählt, kurzerhand in einem Sammelbecken von ehrenwerten Persönlichkeiten unterschiedlicher Couleur wieder, denen der Stempel von Rassismus und Demokratiefeindlichkeit aufgedrückt wurde.

So galten Positionen und Auffassungen als anrüchig, verwerflich und unmoralisch, die man einst als Ausdruck der Mitte verstand. Samt Etikettierung wurden jene für vogelfrei erklärt, die die monokausale Ursache des

Klimawandels in Frage stellten, die von der Ampel angestoßene Energiewende als widersinnig betrachteten, Geschlechtervielfalt und Non-Binarität in den Bereich des Unnatürlichen verorteten, Gasheizungen in ihre Keller einbauten, SUV mit Verbrenner-Motor fuhren, Fleisch aßen, für die Ukraine Frieden forderten oder sich erdreisten, von ihrem Grundrecht auf gleiche, faire und unabhängige Wahl Gebrauch machten - indem sie eine politische Kraft wie die AfD favorisierten, welche eine staatliche Behörde als verfassungsfeindlich betrachtet.

Allein vom Hörensagen liefen diejenigen als blökende Schafe in der Menge mit, die sich an diesem Schauspiel der Vorführung ihrer Freunde, Nachbarn und Kollegen beteiligten - und ihnen bisweilen sogar die Menschlichkeit absprachen, indem man sie wortspielerisch zu Ratten erklärte oder zum Keulen preisgab. Mithilfe einer der durch die Regierung inszenierten Medienkampagne wurde suggeriert, der seit Jahrzehnten in deutschen Behörden gängige Begriff der Remigration sei mit Deportation - und damit dem Ansinnen des Verbringens von

Millionen Bundesbürgern in die Wüste - verbunden. Dank Verzerrung, Übertreibung, Manipulation und Lüge konnte in den Köpfen einer naiven Gesellschaftskohorte das Bild des Dämons aufrechterhalten werden, der am Ende nichts Anderes einforderte, als die Rückkehr zu Vernunft, Pragmatismus und Rechtsstaatlichkeit - und sich dabei gegen Verbote, Kasteiung, Gängelung, Bevormundung und Freiheitsentzug aussprach.

Ein gesundes Bewusstsein für die eigenen Wurzeln und die damit verbundenen Abstammungsmerkmale der ethnischen, historischen, sprachlichen, sozialen und anthropogenen Gemeinschaft ist nicht nur Ausdruck von Stolz auf all das, was die Republik besonders nach 1945 an Aufarbeitung, Wiederaufbau und Neuorientierung geleistet hat. Sondern es beflügelt auch den Zusammenhalt in Zeiten einer wachsenden Entfremdung und Polarisierung, setzt Eckpfeiler des Miteinanders und gibt Sinn und Halt auch für diejenigen, die als Gast in unser Land kommen. Daher ist eine völkische Ideologie nicht anstößig, sondern die Voraussetzung für das Gelingen einer behutsamen Öffnung gegenüber dem Anderen, welcher im Zweifel auch darauf angewiesen ist, ein Rahmengerüst vorzufinden, von dem er sich leiten lassen kann. Ein Land mit Selbsthass und Eigenverachtung ist nicht attraktiv für jene, die mit der Absicht zu uns kommen, ein Teil des Ganzen zu werden.

Wenn Kritik am Konzept des Multikulturalismus fremdenfeindlich sein soll, dann sind nahezu alle Völker auf diesem Globus despektierliche Desavouierende - weil sie die Überzeugung leitet, dass eine sich in gesundem Maße für das Inkludieren des Unbekannten aussprechende Einheit nur dann erfolgreich sein wird, wenn eine die Richtung vorgebende Mehrheit als Leuchtturm bereitsteht, um sich auf ihn verlassen zu können.

Pluralistische Traumvorstellungen und Utopien von einem Sammelbecken unterschiedlichster Konformitäten, denen es an einer sie verschweißenden Philosophie über das Assoziierende fehlt, sind die Abrissbirne für eine Spezies.

Das Kumulieren von evolutionär nicht umsonst zunächst separierten Stämmen, Gruppierungen und Verbänden zu einer zwanghaft verordneten Entität mag den Neosozialisten in diesen Tagen ein Ziel sein. Widerspruch hiergegen ist weder rechtsextrem noch xenophob, sondern überall sonst auf dem Globus ein Zeichen von Selbstbewusstsein, Festigkeit und Würde. Wer solch eine Definition ablehnt, hat von diesen Eigenschaften wohl selbst nichts verinnerlicht.

Das steht sogar im Grundgesetz!

Nicht nur der AfD wird derzeit vorgeworfen, sie verbreite eine nationalistische oder völkische Ideologie. Damit verstoße sie gegen die Verfassung und die Würde des Menschen. Doch auch der Gleichheitsgrundsatz bedeutet keinesfalls, dass es nicht zu einem bereits in der Bibel bekannten Vorrangigkeitsgebot gegenüber der eigenen Bevölkerung kommen darf.

Allein aufgrund der schlichten Tatsache, dass unser Globus endlich ist - und daher auch die Ressourcen und Kapazitäten knapp sind, mit denen aus ihren Gefilden Geflohene in einem anderen Land entsprechend aufgenommen und versorgt werden können, kann es aus rationaler Sicht kein "Weiter so" mehr geben.

Natürlich wünschen wir uns das Paradies auf Erden für jeden. Doch während man Nächstenliebe und Barmherzigkeit nahezu unerschöpflich dem Anderen zuteilwerden lassen kann, sieht es abseits des Ideellen doch weniger großzügig aus.

Ob nun in personeller, materieller oder monetärer Hinsicht: Allein um des Gerechtigkeitsgedanken willen, müssen diejenigen abgeschoben oder an der Einreise gehindert werden, die keinen anerkannten Fluchtgrund vorweisen oder eine entsprechende Bleibeperspektive begründen können.

Nachdem wir nun über rund ein Jahrzehnt hinweg eine Politik der offenen Herzen und Grenzen praktiziert haben, sind wir nicht nur in einem Zustand der Überforderung hinsichtlich der Strukturen angekommen. Sondern erlauben vor allem mit Blick auf die zunehmende gesellschaftliche Spaltung, Polarisierung und Verbitterung der Bundesbürger über den Laissez-Faire ihrer Regierenden einen Kontrollverlust über die Ströme, die Menschen aus aller Herren Länder in die Bundesrepublik spülen.

Denn aus dem Berliner Elfenbeinturm scheint es keinen ernsthaften Willen zu geben, die weitere Unterwanderung der hiesigen Gemeinschaft zu beenden. Man nutzt die rechtlichen Spielräume nicht aus, lässt dagegen weiterhin einen Zustand bestehen, in dem faktische Unfairness und Inhumanität herrschen. Denn die geltenden Gesetze werden schon mit Blick auf die Drittstaaten-Regelung nicht mehr eingehalten, weil weder die Ampel noch Angela Merkel das Rückgrat hatten, mit den europäischen Partnern eine konsequente Veränderung an dem sich mittlerweile eingeschliffenen und routinierten Alltagsgeschäft der zügellosen Gewährung von Asyl unter stillschweigender Aufweichung des Dublin-Abkommens vorzunehmen.

Stattdessen bemüht man sich lediglich um die symptomatische Schadensbegrenzung. Punktuell wird an Stellschrauben gedreht, obwohl es doch einer radikalen Trendwende bedarf. Schließlich muss die Vision eines obsessiven Zusammenlebens von verschiedensten Menschen unterschiedlicher Prägung auf einem begrenzten Raum am Ende stets im Chaos enden, da es an der Grundlage für einen Konsens fehlt - und man sich im Zweifel nicht auf einen Leitfaden einigen kann, der verbindlich durchgesetzt wird.

Das verpflichtende Miteinander birgt nicht nur erheblichen sozialen Sprengstoff in sich, sondern auch die bewusste Inkaufnahme einer wachsenden Profillosigkeit des Landes und seiner einheimischen Bevölkerung. Dabei ist es bereits in der Verfassung entsprechend normiert, dass die Staatsbürger zu Einheit, Integrität und Souveränität der Bundesrepublik angehalten sind.

Der Multikulturalismus ist nicht nur gescheitert, weil er allein unter Zwang funktionieren kann. Schlussendlich genügt ein Blick in die Evolution, zu der Erkenntnis zu gelangen, dass Völker nicht umsonst unterschiedlich geschaffen wurden. Es hat nichts mit Rassismus zu tun, wenn man in einer völlig natürlichen Art und Weise zunächst einmal die Singularität des eigenen Stammes hervorhebt.

Denn die Würdigung der individuellen und kollektiven Heimat geht nicht zwingend mit einer pauschalen Abwertung anderer Nationalitäten oder Ethnien einher. Stattdessen gehört es zur Ehrlichkeit dazu, dass eine forcierte Zuwanderung ohne jegliche Regelung zu massiven Verwerfungen, Gewaltsamkeit, Entkernung der Identität und einem sukzessiven Verdrängen der Mehrheit durch die Minderheit führt. Es ist ein allzu menschlicher Reflex, die eigene Herkunft zu betonen und sie gegen Versuche der Erodierung von außen zu verteidigen - und im Zweifel Maßnahmen zur konsequenten Rückführung derjenigen zu ergreifen, die keinerlei Bereitschaft zur Eingliederung oder Mitwirkung an Wirtschaftlichkeit, Prosperität oder Wachstum zeigen.

Und wenn man sie alle mit denen zusammenzählt, denen es dem Grunde nach bereits an einem Anspruch auf Schutz fehlt, kommt man am Ende tatsächlich auf erkleckliche Summen - und die für Empörung sorgenden Aussagen von René Springer oder anderen Politikern der Alternative für Deutschland über die Abschiebung von bis zu zwei Millionen sich illegal hier aufhaltenden Personen relativiert sich rasch. Dabei bleibt das Faktum unberührt, dass eine nuancierte Bereicherung durch einen minimalistischen Pluralismus durchaus gelingen kann.

Damit eine solche Vision allerdings erfolgreich ist, braucht es zunächst einen Rückwärtsgang. Schließlich haben wir mittlerweile Dimensionen erreicht, die über das Erträgliche und Zumutbare hinausgehen.

Eine in die Absurdität getriebene Toleranz kann dagegen in solchen Konstellationen durchaus als ein Zwischenstopp vom Übergang einer Wesenseinheit in die andere verstanden und missbraucht werden. Immerhin ist das Märchen mittlerweile in sich zusammengefallen, wonach diejenigen, die nicht auf dem Weg der Arbeitszuwanderung zu uns kommen, sondern allein nach einem besseren Leben streben, in einem nicht unbeträchtlichen Teil weder zur Integration noch zum Respekt vor hiesigen Sitten, Traditionen, Sprache, Werten, Gepflogenheiten, der Geschichte, Religion, Herrschaftsform und unserer Wurzeln bereit sind.

Man muss heutzutage nur noch die Augen weit öffnen, um zu erkennen, dass wir einerseits eine Einwanderung in unsere Sozialsysteme vorangetrieben haben - und gleichzeitig auf einen Import von

Kriminalität, Brutalität und Hass setzen. Wer dies als Politiker achselzuckend oder gar relativierend in Kauf nimmt - und Messerstechereien oder Vergewaltigungen zu einer tragischen Aneinanderreihung von Einzelfällen bis hin zur Normalität erklärt, offenbart eine eigene Verachtung für den Ursprung, aber auch eine prinzipielle Deutschenfeindlichkeit.

Immerhin kann man es lediglich mit Böswilligkeit, Verhöhnung und Selbstgeißelung erklären, wenn man ein Land durch die Einladung der halben Welt einfach überrennen lässt. Entsprechend bleibt im Augenblick allein die Forderung nach einer konsequenten Remigration von abgelehnten Asylbewerbern und Personen ohne Aufenthaltsberechtigung aufrecht, aber auch jene eines massiv verstärkten Grenzregimes bis hin zur Festung Europa, auf deren Territorium nur noch derjenige vordringen darf, der in einer Vorabprüfung tatsächlich nachweisen konnte, dass er die Bedingungen für einen Status erfüllen wird.

Im politischen Zentrum angekommen!

Da haben unsere Leitmedien beinahe Schnappatmung bekommen, als sie erfuhren, dass die AfD mittlerweile nicht mehr nur eine Nischenpartei eines bestimmten Klientels ist, sondern über eine breite Basis in der gesamten Bevölkerung verfügt. Es ist also offenkundig auch die junge westdeutsche Frau, die sich mittlerweile nicht mehr dafür schämt, ihr Kreuz bei der Alternativen für Deutschland zu machen.

Und ich kann auch aus meiner eigenen Lebensbiografie sagen: Auch wenn ich schon immer Patriotismus in mir trug, so war ich insbesondere aufgrund der sozialen Frage über lange Zeit meines Daseins im linken Spektrum verankert. Gänzlich wohlgefühlt habe ich mich dort nie, aber auch ich ließ mich in meiner jugendlichen Naivität von den Narrativen über das böse Rechte beeindrucken. Die Zeit zum Umdenken war für mich spätestens gekommen, als ich unter den Genossen immer offensichtlichere

Deutschen- und Deutschlandfeindlichkeit wahrnahm. Es ging also nicht mehr um die Solidarität mit den Armen und Bedürftigen in unserer eigenen Gemeinschaft, sondern vor allem um einen Schulterschluss mit denjenigen im Rest der Zivilisation, die offenbar der gleichen Auffassung waren, dass die Bundesrepublik für ihre Vergangenheit weiterhin büßen, leiden und zahlen soll.

Auch wenn ich glücklicherweise den Absprung relativ früh schaffte, so brauchte es wiederum einige Jahre, den in mir verborgenen Stolz auf mein Land nicht nur als Ausdruck des Protests von "Jetzt erst recht!" wieder hervorzuholen. Sondern mich zunehmend aus der Überzeugung, dass mit den Etablierten im Berliner Elfenbeinturm kein Blumentopf mehr zu gewinnen ist, über die Mitte hinweg in das bürgerlich-konservative Lager bewegte. Ich schloss mich also dem physikalischen Grundsatz von Actio und Reactio an - und antwortete auf den Versuch des Ökosozialismus, die Kompassnadel an sich zu reißen, mit einer Neujustierung meines eigenen politischen Standpunktes.

Es wurde mir zunehmend zu einem
Anliegen, dem Kartell von CDU bis Linke
etwas entgegenzusetzen, weil in mir die
Überzeugung reifte, dass eine ernsthafte
Zeitenwende nur noch mit Kräften
außerhalb dieses Zusammenschlusses von
stetig profilloser werdenden Parteien
möglich sein wird. Denn wir brauchen mehr
als ein Herumdoktern an einzelnen
Symptomen. Es genügt nicht mehr, an
wenigen Stellschrauben zu drehen.

Stattdessen bedarf es einer konsequenten
Umkehr - und das in nahezu allen politischen
Bereichen. Ob es nun die Transformation ist,
die auf dem vermeintlich wissenschaftlichen
Konsens über die anthropogene Ursache des
Klimawandels basiert, Milliarden verschlingt,
die Wirtschaft ruiniert, die Energiesicherheit
gefährdet, den Wohlstand nimmt und doch
keine Auswirkungen auf unser
perspektivisches Wetter hat. Oder aber die
zügellose Migration, die mittlerweile zu
einem völligen Kontrollverlust geführt hat,
unsere kulturelle Identität bedroht, die
Kriminalität ansteigen lässt, unsere
Sozialsysteme plündert, unsere Ressourcen
und Kapazitäten überfordert, unsere

Gesellschaft erodiert - und durch Missbrauch am Ende diejenigen außenvorlässt, die als tatsächlich Verfolgte mit dem Recht auf Asyl eigentlich angesprochen wären. Es ist zudem die Kriegstüchtigkeit von Pistorius bis Kiesewetter, von Wadephul bis Hofreiter, welche die Ukraine an unseren finanziellen Tropf hängt, die Eskalation mit Putin sucht, bereits Schüler zur Wehrhaftigkeit erziehen soll und uns in neue Abhängigkeiten und eine Bündnistreue mit einem Land führt, das zumindest nicht meine Freiheit verteidigt.

Und es ist auch die zeitgeistige Anschauung von Feminismus, Genderismus und Queerismus, die jede Natürlichkeit über Bord wirft, Beliebigkeit fördert, Desorientierung schafft, Toleranz und Diskriminierung als moralische Totschlagargumente ins Feld führt, Männer zu Frauen und Frauen zu Männern werden lässt - und bereits unseren Kindern indoktriniert werden soll, welche in mir einen radikalen Perspektivwechsel vollzog.

Ich mache mittlerweile keinen Hehl mehr daraus, dass ich der AfD wohlwollend zugewandt bin. Und dies eben nicht nur aus bloßem Trotz heraus und weil ich grundsätzlich eine gewisse Sympathie mit allen Ausgegrenzten, Gebrandmarkten und Etikettierten habe. Sondern ich habe mich intensiv mit der Programmatik der Partei beschäftigt, in der ich zweifelsohne rechte Positionen finde, aber keine extremistischen. Deshalb gehe ich auch den Märchenerzählungen von Haldenwang und Faeser nicht auf den Leim - und mache mir prinzipiell mein eigenes Bild.

Beeindruckt hat mich nicht nur die klare und unverhohlene Aussprache von Missständen in unserer Gegenwart, sondern vor allem auch die Ansätze zur Bewältigung dergleichen, die ich während der Lektüre der Positionen und in gutem Kontakt mit vielen Politikern der Alternative für Deutschland kennengelernt habe. Nachdem ich als Journalist eine prinzipielle Distanz, Kritik und Skepsis zu den Herrschenden in mir trage - und mich stets verpflichtet fühle, mich nicht auf Schlagzeilen, Meldungen und von öffentlich-rechtlichem Rundfunk bis „Correctiv" verbreitete Schmutzkampagnen zu verlassen, war es insbesondere die Konsequenz der Forderungen der AfD, welche ich als besonders positiv abhebend von all den Konzepten der Ampel und Christdemokraten wahrgenommen habe. Ich sehe in ihr auch die einzige politische Kraft, die sich mit Vehemenz zunächst um das eigene Land und hiesige Volk kümmern möchte - wie das eigentlich auch jede andere Nation auf diesem Globus tut.

Letztendlich macht sie ein Angebot an all diejenigen, die wieder von Vernunft und Verstand regiert werden wollen, statt von einer Ideologie. Und weil ich prinzipiell keine Berührungsängste empfinde oder Brandmauern benötige, da ich es in einer Demokratie für das Normalste in der Welt halte, mit meinem Gegenüber - das ich zunächst einmal als Mensch betrachte und nicht als politischen Funktionär - über die besten Antworten für die Probleme unserer Zeit ins Gespräch zu kommen, um im Kompromiss diejenigen Lösungen zu finden, die in der Mehrheit der Bevölkerung die größte Tragfähigkeit besitzt, ist mein Bekenntnis in Richtung Blau heute eine absolute Selbstverständlichkeit.

Schüler werden aus dem Klassenzimmer geholt, um eine Gefährderansprache zu halten. Die Kavallerie rückt bei denjenigen vor, die sich erdreistet haben, die Regierung zu kritisieren. Parteien sollen verboten und Kontobewegungen beobachtet werden. Und wäre der Angriff auf die Demokratie noch nicht groß genug, kommen nun auch aus den Reihen der Grünen weitgehende Forderungen zur Beschneidung der Sozialen Medien.

Unter dem immer wieder gleichen Vorwand, Hass, Beleidigungen oder Falschbehauptungen eindämmen zu wollen, wird der Versuch der Einschränkung der Meinungsfreiheit unternommen - weil mittlerweile nicht mehr nur dem EU-Zensurkommissar angst und bange bei der Vorstellung wird, dass das Informationsmonopol für eine linksgrüne Zeitenwende in Gefahr sein könnte, wenn sich immer mehr Menschen von den öffentlich-rechtlichen Medien und dem sogenannten Qualitätsjournalismus abwenden - und sich stattdessen auf Facebook, Twitter oder „Tiktok" über Geschehnisse unterrichten und durch Kommentare in der unabhängigen, integren und ungeschönten Bewusstseinsbildung unterstützen zu lassen.

Dass sich hier eine Parallelwelt zu Habecks Wirklichkeit aufbaut, das dürfte denjenigen nicht gefallen, denen mittlerweile auch in ihrem tiefsten Inneren klar sein müsste, dass ihre Agenda der Repression von Auffassungen und Weltanschauungen zum Gegenteil dessen führt, was man von ihnen eigentlich erwartet.

Denn die Einschüchterungsversuche verfangen mittlerweile nicht mehr. Die Bürger lassen sich weder durch die Androhung der Überwachung durch den Verfassungsschutz oder die Etikettierung des vermeintlich Extremistischen von einer Mitgliedschaft bei der AfD oder einem Kreuz auf dem Stimmzettel bei einer rechten Partei abhalten. Denn sie nehmen all das, was aktuell als Manipulation, Verschwörungstheorie oder Schwurbelei verteufelt wird, als einen wohltuenden

Perspektivenwechsel wahr, der gerade das in den Fokus nimmt, was über ARD oder ZDF, von Süddeutscher Zeitung bis SPIEGEL nicht verbreitet wird.

Pluralismus gibt es im Ökosozialismus lediglich mit Blick auf die kulturelle Vielfalt, die unsere eigene Identität und Heimat zu unterwandern geeignet ist. Ein Potpourri an Überzeugungen ist dagegen eine Bedrohung für die ohnehin bröckelnde Deutungshoheit eines sich lediglich mit Einebnung und Kanalisierung von Gesinnungen an der Macht halten könnenden Establishments, das zunehmend in Auflösung begriffen ist.

Völlig abseits der Feststellung, dass es bis heute keinen gemeinschaftlichen Konsens über die Definition von Desinformation, Aufwiegelung oder Propaganda gibt - welche jedoch in einem System der Volksherrschaft allein vom Souverän und nicht von exekutiven Behörden, Presse oder Herrschenden erfolgen muss -, so wundert es auch nicht wirklich, dass die aktuellen Forderungen gerade aus jener Ecke der Bevölkerung kommen, die sich im Austeilen ganz groß zeigen, im Einstecken allerdings unbedarft sind. Zwar ist zweifelsohne die Hemmschwelle durch die zunehmende Anonymisierung im Netz gesunken. Gleichzeitig hat sich aber auch die Toleranzbereitschaft für das herabgesetzt, was man als Individuum auch subjektiv noch zu ertragen bereit ist - ohne sich sofort an die nächste Meldestelle zu wenden.

Die Demokratie ist kein Ponyhof. Deswegen ist die Widerrede ein schützenswertes und lohnendes Charakteristikum für eine Öffentlichkeit, die immer weiter auseinander zu driften droht - statt im gegenseitigen Zuhören und ohne jegliche Kontaktscham Argumente, Positionen und Standpunkte der Mitmenschen nachzuvollziehen und sich mit ihnen auseinanderzusetzen.

Natürlich gibt es in einer sich immer weiter vom persönlichen und realen Austausch wegbewegenden Kommunikation häufige Missverständnisse und Verletzungen. Und selbstredend kursiert eine wachsende Zahl plumper Beleidigungen und sinnfreier Pöbelei auf allen Kanälen. Doch wir haben es offenbar gleichermaßen verlernt, solche armseligen Zeugnisse fehlenden

Selbstbewusstseins und mangelnder
Sozialisation des Anderen nicht für bare
Münze zu nehmen, im Zweifel wegzuklicken
oder auch zu blockieren. Nicht alles an sich
heran zu lassen und am Ende die persönliche
Angegriffenheit in den Vordergrund zu
stellen, sondern das Mitleid für das
Gegenüber als ein couragiertes
Hinweggehen über dumpfbackige
Äußerungen in sich zu haben, wäre bereits
ein erster Schritt in Richtung Ignoranz von
notorischen Unruhestiftern. Es braucht
keinen externen Aufpasser oder eine
Wertepolizei, wenn wir es selbst in der Hand
haben, statt in Hypersensibilität und
Dünnhäutigkeit auf das zu reagieren, was
wohl manche unter uns als einen täglichen
Kick benötigen, um sich wieder einmal groß
und mächtig zu empfinden.

Es bleibt die uralte Erkenntnis bestehen,
dass mit einer Nichtbeachtung diejenigen
am ehesten gebremst werden, die mit ihrem
Rundumschlag nach Aufmerksamkeit und
Anerkennung suchen. Sich dagegen auf eine
ständige Konfrontation einzulassen, diese
möglicherweise noch dadurch zu eskalieren,
sofort nach dem Richter zu rufen, und sich in

Theatralik über Anfeindungen zu einer leichten Beute für verirrte Persönlichkeiten zu machen, entspringt einer immanenten Unselbstständigkeit des Menschen, der sich ohne die Intervention von Vater Staat nicht zu helfen weiß. Doch wir können in einer freiheitlichen Grundordnung nicht die Empfindsamkeit eines Einzelnen zum Maßstab dessen machen, was legitim, strafrechtlich relevant oder moralisch anrüchig ist. Stattdessen gilt auch der verfassungsrechtliche Gedanke, nur dort gesetzgeberisch einzugreifen, wo es keine andere Alternative gibt.

Doch diese besteht ja. Wir könnten beispielsweise durch unsere eigene Art, eine Debattenkultur zu fördern und aufrecht zu erhalten, einen entsprechenden Beitrag zur Befriedung und Verständigung leisten - und darüber hinaus die an sich gut funktionierenden Mechanismen der Selbstregulierung in Anspruch nehmen, die weniger infantil daherkommen als die Jammerschreie von Mimosen in Politik und Gesellschaft, die Gegenrede nicht ertragen können, sondern sie im Zweifel stets als Hetze deklarieren möchten.

Gastfreundschaft ohne Gegenleistung?

Wer sich als Schutzsuchender in einem Gastland zu schade dafür ist, sich mit eigenem Bemühen am Funktionieren der Gesellschaft von Wachstum und Prosperität zu beteiligen, bekennt sich offen zur fehlenden Bereitschaft für Integration - und demaskiert sich als das Recht auf Unterkunft und Versorgung missbrauchender Migrant ohne ernsthaften Willen der Eingliederung.

Denn in Deutschland ist prinzipiell jeder Erwerbsfähige, der Transferleistungen empfängt, zum allgemeinen Verfügbarsein für Arbeit verpflichtet. Das gilt für den Bürgergeld-Bezieher genauso wie für den Flüchtling - von dem obendrein auch nach höchstrichterlicher Auffassung mehr abverlangt werden kann als von einem inländischen Personenkreis, weil er bislang in der Regel keinen einzigen Euro an Steuern oder in die Sozialkassen einbezahlt hat. Ein-Euro-Jobs wurden bislang juristisch nicht angetastet. Entsprechend dürfte auch die Regelung im AsylbLG zur Verordnung von gemeinnützigem Engagement grundsätzlich nicht antastbar sein. Ob man mit 80 Cent Stundenlohn die Untergrenze an Sittlichkeit möglicherweise durchstößt, das könnte zwar theoretisch noch für eine rechtliche Auseinandersetzung sorgen. In der Sache lässt sich aber nicht daran rütteln, dass die Übernahme von Verantwortung als ein Teil der Inkludierung in eine Gemeinschaft zu verstehen ist, welcher sich diejenigen nicht verschließen können, die mit Verweis auf Verfolgung in ihrer Heimatregion in der Bundesrepublik in den Genuss einer existenzsichernden Unterstützung kommen - und von denen sodann ein Beitrag der Kompensation erwartet werden darf.

Ich habe mich als Flüchtlingshelfer und Integrationsberater lange Zeit zurückgehalten, mich an einer polarisierenden und durchaus provozierenden Diskussion zu beteiligen, in der in einer gewissen Pauschalisierung über die Bequemlichkeit von manchem hier Ankommenden gesprochen wurde. Ich hatte mich einst für die Qualifikation und das Ehrenamt entschieden, weil ich denjenigen helfen wollte, die mit einer offenkundigen

Bleibeperspektive nach Deutschland einreisen. Und ich wurde auch anfangs nicht enttäuscht. Doch ich erinnere mich an ein Umkippen im Jahr 2017 und 2018, als zunehmend deutlicher wurde, dass die Zahl derjenigen immer weiter anwuchs, die keine anerkannte Fluchtursache vorweisen konnten - und jeden Tag unverhohlener das aussprachen, was uns in diesen Tagen durch woke Studien ausgeredet werden soll.

Ganz unabhängig davon, dass ich der Wissenschaft und ihren Erhebungen mittlerweile mit größter Skepsis gegenübertrete, bedarf es eigentlich nur noch eines gesunden Menschenverstandes, um die These zu entkräften, dass ein nicht unerheblicher Teil der Immigrierenden allein aus dem Reiz der sozialen Sicherung in Deutschland die Abwanderung aus den Herkunftsländern antritt. Doch es gibt keinen Anspruch auf ein besseres Leben. Europa kann nicht jedes Schicksal auffangen. Daher bestehenden verbindliche Konventionen und Regelungen über diejenigen Voraussetzungen, welche für einen Status in unseren Breiten zu erfüllen sind. Dass wir in einer Mentalität der offenen Arme als Kontinuum des "Wir schaffen das!" von Angela Merkel nahezu jeden anziehen, der von Afrika bis in den Mittleren Osten mit seiner Biografie unzufrieden ist, spricht sich überall herum.

Und so begegne ich nicht selten Flüchtlingen, die ohne Scham zugeben, dass sie von der Verlockung angetrieben wurden, die wirtschaftliche und soziale Not in ihrem Zuhause hinter sich zu lassen - und der dort verbliebenen Familie versprachen, dass sie das hierzulande ausbezahlte Bargeld auf direktem Weg in ihre Gefilde zurückschicken werden. Es geht also in immer mehr Fällen nicht um eine tatsächliche politische, ethnische, religiöse oder weltanschauliche Unterdrückung, die die Massen in Richtung unseres Kontinents mobilisiert.

Sondern es sind die Pull-Faktoren, die uns manch gutmenschlich gewaschener Experte als abwegig verkaufen möchte, welche den wesentlichen Motivator und Katalysator für eine ungezügelte und nicht selten unrechtmäßige Einwanderung darstellen. Eklatant auffällig wurde dieses Phänomen auch bei den Flüchtlingen aus der Ukraine.

Ich erinnere mich an einen Kontakt mit einem Vater aus dem Norden des Landes, in dessen Region es keine Kriegshandlungen gibt - und der in einigermaßen wohlständigen Verhältnissen mit ansehnlichem Vermögen dort unbehelligt residiert. Er genierte sich überhaupt nicht, zuzugeben, dass er die Chance und das Angebot der Deutschen dafür nutzen wollte, sein Haus zu renovieren und den Garten aufzuhübschen - damit auch die Angehörigen in der schwierigen Zeit der militärischen Auseinandersetzung eine Freude haben. Und so nahm er die hiesigen Grundsicherungsleistungen gerne in Empfang, um sie mit einem nicht billigen Fahrzeug im Pendelverkehr weit jenseits der Front bei den Lieben abzuliefern.

Die vollkommene Gutgläubigkeit in weiten Teilen unseres Establishments und einer von falscher Nächstenliebe beseelten Spezies innerhalb unseres Landes, die tatsächlich noch immer an der Überzeugung festhält, wonach sich die allermeisten Personen aus Gründen der Tyrannei, der Unterdrückung und des Kesseltreibens in ihren eigenen Gefilden für einen Asylantrag bei uns entscheiden, ist nicht mehr allein mit Unkenntnis oder Naivität zu erklären. Viel eher legt man es geradezu auf den Verfassungsbruch an, um die hiesige Gemeinschaft zu erodieren. Zwar ist kein Mensch illegal, aber sein Antrieb für die Migration in die Bundesrepublik kann es unbedingt sein. Dies gilt vor allem auch dann, wenn die bei uns Eintreffenden zufällig auf der langen Reise gen EU ihre Ausweise verloren haben und sich nicht mehr an die eigenen Personalien erinnern können.

Das Aufenthaltsrecht hat darüber hinaus auch derjenige verwirkt, dem die Bezahlkarte oder die Arbeitspflicht eine Zumutung ist. Denn wer sein Leben und seine Existenz fürchtet, der ist für jeden Schutz dankbar - und gleichermaßen bereit und willens, etwas zurückzugeben. Daher sollte man diejenigen ziehen lassen, die Mitwirkungspflichten schmähen und allein die Hand aufhalten. Und gegebenenfalls auch mit Mitteln der Remigration - also der Zurückführung und Abschiebung von endgültig negativ beschiedenen Asylbewerbern ohne weitere

Aufenthaltsberechtigung - ein deutliches Signal senden, wonach die Bringschuld bei denen zu suchen ist, die ein deutsches Grundrecht in Anspruch nehmen möchten.

Außerdem bin ich mittlerweile der festen Überzeugung, dass wir Gerechtigkeit, Fairness und Humanität gegenüber den tatsächlich Schutzbedürftigen nur noch dadurch erreichen können, dass wir die Prüfung der Anrechte nach außerhalb des europäischen Territoriums verlagern - und die Grenzsicherung rund um den Kontinent massiv verschärfen. Denn sind die Geister erst einmal aus der Flasche, wird man sie im Zweifel nicht mehr so schnell los.

Und genau das kann zum Problem gegenüber denen werden, die tatsächlich bedürftig sind - und aufgrund ihrer Ehrlichkeit das Nachsehen haben. Wenn die Ressourcen und Kapazitäten von denjenigen in Anspruch und missbraucht werden, die offensichtlich unbegründet einen Flüchtlingsstatus begehren, zuerkannt oder in Aussicht gestellt bekommen, dann sorgt das nicht nur für Überforderung und soziale Verwerfungen in unserem Land, sondern zu einer Situation der Regellosigkeit, Beliebigkeit und Willkür - welche von jenen ambitioniert wird, die Deutschland noch immer in einer kriegsbedingten Korrektivhaftung gegenüber der gesamten Welt sehen möchten. Konsequenz und Stringenz sind mittlerweile vonnöten, um das Chaos zu beenden.

Daher appelliere ich zu einem vollkommenen Gesinnungswechsel, der Regulation bereits am Anfang einer Fluchtgeschichte durchsetzt - und damit verhindert, dass eine unkontrollierte Unterwanderung unserer Strukturen und eine Sprengung des Zusammenhalts für Unfrieden, Identitätsverlust und die Preisgabe von Rechtsstaat, Religion, Sprache, Kultur, Wurzeln, Werten und Prinzipien innerhalb der hiesigen Bevölkerung sorgt.

Akklimatisieren statt Transformieren! – Der Klimagott pfeift auf Wärmepumpen

Erst dieser Tage war es wieder soweit: Auf meinem Handy ging eine Warnmeldung nach der nächsten ein, welche mich auf schwere Unwetter einstimmen wollte. Von Hagel, Stürmen und Überflutungen wurde gesprochen. Und das große rote Ausrufezeichen wurde von Minute zu Minute größer. Was blieb am Ende von den Drohkulissen und all der Panikmache übrig? Ein leichtes Donnern im Hintergrund, ein moderater Schauer und eine luftige Windböe.

Auch manche Presseorgane überschlagen sich mittlerweile mit Horrorszenarien - und berichten beispielsweise von Tieren, die in der Hitze am anderen Ende der Welt von den Bäumen fallen. Oder sie dramatisieren die annähernd 40 Grad in Griechenland mitten im Sommer, welche darüber hinaus mancherorts direkt über dem Asphalt gemessen wurden - und wollen uns die Auffassung von manch einem

Haltungsjournalisten verklickern, dass diese jahreszeitlich wohl kaum zu beanstandenden Verhältnisse zu einer erhöhten Waldbrandgefahr führen.

Genauso wenig, wie sich in diesem Temperaturbereich Eisenbahnschienen verbiegen, entzünden sich auch keine Flächen ohne äußeres Zutun. Was all diese Übertreibungen am Ende ausrichten, das ist eine abnehmende Sensitivität der Bürger für die zahlreichen Schlagzeilen, die uns auch am Monatsende seit geraumer Zeit immer wieder glauben lassen möchten, dass die vergangenen Wochen die trockensten seit Anbeginn der menschlichen Zivilisation waren.

Das wegbrechende Interesse für das Thema der perspektivischen Wetterveränderung am Horizont erklärt sich nicht zuletzt auch mit diesem ständigen Leierkasten, der vor allem denjenigen auf die Nerven geht, die im Physikunterricht ein Stück weit geistig anwesend waren - und dort lernten, dass das CO2 für die Zusammensetzung unserer Luftschichten lediglich eine marginale Bedeutung hat. Blickt man nämlich auf die

Verschiebung der Partikeldichte seit dem Ausstoß der Spurengas-Emissionen durch die industrielle Revolution, befindet man sich im Zweifel im Promillebereich.

Dass eine solche Veränderung zu einer maßgeblichen Beeinflussung der Lichtreflexion führen soll, die dann wiederum den gesamten Planeten zum Schwitzen bringt, können wohl nur diejenigen ernsthaft glauben, die in einer Ideologie verharren, welcher es nicht auf den Umweltschutz abgesehen hat, sondern auf die massive wirtschaftliche Subventionierung der Erneuerbaren-Sparte.

Wer unseren zuständigen Minister in Situationen erlebt hat, als die Pressekonferenz bereits gelaufen war, aber die Mikrofone versehentlich noch eingeschaltet blieben, konnte einen die Untertanen spöttisch verhöhnenden Philosophen erleben, der wohl selbst nicht wirklich überzeugt ist von dieser Idee der ausschließlich anthropogenen Erderwärmung - und sich über unsere Naivität diesbezüglich ins Fäustchen lacht.

So ist der Grüne nicht nur ein temporärer Standortpatriot, der sein pinkfarbenes Trikot nur dann überstülpt, wenn es dafür in den Sozialen Medien einige Likes gibt. Stattdessen gehört er zu den größten Doppelmoralisten in unserem Land, der die Atomkraft in der Ukraine als eine Zukunftstechnologie preist - und die Meiler bei uns gegen jede Experteneinschätzung abschalten lässt, weil die Bedrohung durch einen Tsunami zu groß scheint. Mit der Keule des Abkommens von Paris in der Hand, oktroyiert er der Republik eine Transformation auf, die in Sachen Kurzsichtigkeit und Konzeptlosigkeit kaum zu überbieten ist.

Denn sie denkt ausschließlich bis morgen - und berücksichtigt nicht die massiven Schäden, welche beispielsweise durch flächendeckende Windparks, Photovoltaikwüsten oder LNG-Leitungen an Wattenmeer, Artenvielfalt und Wäldern entstehen. Die Erschaffung einer künstlichen Welt aus Propellern, Rotoren und Solarpanelen verfolgt ausschließlich das Ziel, ein Nischensegment mit Unsummen zu fördern, das sich den Ökologisten seit jeher in größtmöglicher lobbyistischer Anbiederung vor die Füße wirft. Da gehen Abgeordnete bei den gängigsten Herstellern für Wärmepumpen ein und aus, denken dabei vielleicht an eine profitable Kumpanei - und hegen in ihrer antideutschen Seele nach der Verbitterung über die eigene Leistungsbilanz endlich wieder ein Stück Zuversicht, das Ego durch Machtmissbrauch aufhübschen zu können.

Hier will sich eine Partei mitsamt ihrer Graswurzelbewegung Denkmäler für die Annalen setzen, weil man es mit Erfolgen für Wohlstand, Prosperität und Wachstum zumindest nicht in positiver Konnotation in die Geschichtsbücher schaffen wird. Stattdessen ist dort ein Platz reserviert für diejenigen, die innerhalb kürzester Zeit einen funktionierenden, respektierten und integren Exportweltmeister an die Wand gefahren haben.

Mit einer Konzeption auf dem Reißbrett will man plangesellschaftliche Verhältnisse umsetzen, in denen Bevormundung, Kasteiung und Gängelung der Bürger zu einem elementaren Bestandteil des autoritären Denkens gehören. Das Abwracken all der Errungenschaften, die mit dem Ende des Zweiten Weltkrieges auf unserem Boden mit Motivation, Selbstbewusstsein und Hoffnung durch die Boomer wiederaufgebaut wurden, ist an Verwerflichkeit in der jüngeren Vergangenheit ein einmaliges Geschehen.

Unter Einebnung und Kanalisierung von Partnern wie der Wissenschaft - die unter bewusster Duldung des Vorwurfs, das Volk für dumm verkaufen zu wollen, noch immer den vermeintlich einvernehmlichen Forschungsstand an den Mann bringen will, wonach es für die Geschehnisse am Himmel keine andere Erklärung gibt als jene des Kohlenstoffdioxids -, nimmt sich eine Politikerkaste das Recht heraus, ihren Narzissmus über alle Interessen einer Gemeinschaft zu stellen.

Letztlich lässt sich Petrus nicht davon beeindrucken, was unsere in Überheblichkeit verfangene Spezies an Verrenkungen unternimmt, um eine Entwicklung zu stoppen, die sich seit Jahrmilliarden immer wieder abspielt.

Wir nehmen uns deutlich zu ernst, wenn wir glauben, auf ein ausgeklügeltes Schöpfungsgefüge einwirken zu können, das sich seit jeher immer wieder selbst austariert hat - weil man es eben nicht in Formeln und Modelle pressen kann, die ein von uns geschaffener Computer ausspuckt. Zur Evolution gehören die natürlichen Schwankungen ebenso wie Anomalien, die sich mit unserem begrenzten Verstand und einer ziemlich irdischen Logik nur schwerlich erfassen lassen.

Bedenkt man all die Faktoren wie die Sonnenaktivität, die Erdachse, der Wasserstoff, das Methan oder Phänomene wie den Golfstrom und El Niño, wird die Komplexität eines Konstrukts deutlich, für das unendlich viele ineinandergreifende Zahnräder vonnöten sind - von denen lediglich ein einziges dem hochmütigen Menschen zugeordnet werden kann.

Hatten sich beispielsweise die Dinosaurier in ihrer Klugheit damit abgefunden, dass gewisse Gegebenheiten trotz intensiver Bemühungen nicht maßgeblich manipuliert werden können, verzichten wir auf die notwendige Adaption an wechselnde Bedingungen. Statt jedes einzelne Hochwasser als einen Beweis für eine in ihren Schlusstechniken wenig plausible und konsistente Theorie der Kipppunkte anzusehen, hätten wir unser finanzielles Aufkommen nicht in Schwarze Löcher werfen sollen - denn der Wirkungseintritt unseres Engagements ist bisher ausgeblieben.

Viel eher wäre es sinnvoll und umsichtig zugleich, die Ressourcen in einen Prozess der Akklimatisierung und Konvergenz zu investieren, damit wir durch Prävention und Anpassung einem verhältnismäßigen Umgang mit feststehenden Tatsächlichkeiten nahekommen. Im Augenblick fahren wir nicht nur auf Sicht, sondern sind als Bundesrepublik auch als Geisterfahrer auf dem internationalen Parkett unterwegs. Denn dort hat sich mittlerweile herumgesprochen, dass es einer Anmaßung gleichkommt, wenn sich Robert Habeck zu einer gottähnlichen Lichtgestalt aufzuschwingen versucht.

Vom Konservativen zum Rassisten: Das linke Schema der Vereinfachung sät Zwietracht, Hass und Spaltung!

In der Gegenwart scheint es en vogue zu sein, gewisse Wissenslücken auch öffentlich zur Schau zu stellen. Da präsentiert uns Robert Habeck seine Kunde über die Insolvenz von Firmen, die es ja eigentlich gar nicht gibt - weil Unternehmen in einem solchen Fall lediglich ihre Produktion einstellen. Auch mit dem Rechnen scheint es ihm nicht ganz geheuer zu sein.

Da liegt bei der Anschaffung eines neuen Autos zwischen einem Kaufpreis von 15.000 und jenem von 20.000 Euro eine Steigerung um 25 Prozent. Und seine Parteikollegin Baerbock ergänzt im Zweifel zu dieser mathematischen Höchstleistung ihre geografischen Spitzen, in dem sie uns die vielen Länder referiert, die hunderttausende Kilometer von der Bundesrepublik entfernt liegen - die man trotz dieser Distanz noch ziemlich CO2-neutral erreichen könne. Wenn es dann noch um einen Blick auf die Kenntnisse zur Geschichte geht, erweist sich wohl der ärgste Nachholbedarf. Saskia Esken sollte vielleicht noch einmal Nachhilfeunterricht mit Blick auf Goebbels nehmen, den sie im ORF kurzerhand auf eine Stufe mit der AfD stellte. Und zu dieser Lektion kann sie ihren Co-Vize Lars Klingbeil gleich mitnehmen, der bei der Alternative für Deutschland und ihrer Vorsitzenden Weidel ohnehin nur Nazis erkennt.

Es ist eine moralische Verrohung, wenn in diesen Tagen inflationär mit Termini um sich geworfen wird, die ihre Verwender in der Regel nicht einmal definieren - oder nur ansatzweise erklären könnten, was im historischen Kontext konkret bedeuten. So werden die Unterschiede zwischen völlig verschiedenen Vokabeln kurzerhand verwischt, um damit Menschen diskreditieren und gleichsetzen zu können.

Da mutiert ein einst höchst integrer Bürger mit einer mittigen und wertkonservativen Orientierung plötzlich nicht nur zum Rechten, sondern im Zweifel auch zum Radikalen, vielleicht zum Extremisten und bisweilen sogar zum Faschisten. Sämtliche Trennlinien werden aufgelöst, um eine

Gruppierung zu spalten und zu polarisieren - in der es am Ende keine Differenz mehr gibt zwischen völlig unterschiedlichen Positionen. Da wird also derjenige mit der völlig legitimen Forderung nach einer Remigration von ausreisepflichtigen, abgelehnten, geduldeten oder illegal eingewanderten Migranten einerseits - und jemandem mit einer durchaus verwerflichen Überzeugung, Individuen allein und ausschließlich aufgrund ihrer ursprünglichen Herkunft zu benachteiligen, auszugrenzen oder zu unterdrücken auf der anderen Seite, kurzerhand in einen gemeinsamen Topf des Rassismus geworfen.

Einmal ganz abgesehen davon, dass auch der propagierte Ethnopluralismus keinesfalls ein anrüchiges Konzept über die Verteilung von Völkern auf unserem Globus ist, scheint es doch einigermaßen dreist und ungehörig, jemanden mit dem Ansinnen nach weniger Gender, Queerness und Wokismus plötzlich über einen Kamm zu scheren mit jenen, die in ihrem platten Ausspruch "Ausländer raus" zwar in aller Regel völlig übertreiben, aber trotzdem nichts gemeinhaben mit einem moderat werteorientierten Zeitgenossen.

Schlussendlich ist die immer weitere Hetze gegen all das, was in einer von Linken dominierten, allerdings gleichsam nicht die Mehrheit habenden, Ideologie des Harmoniebedürfnisses, der Viefaltssehnsucht und der Toleranzbesoffenheit nicht existieren darf, der größtmögliche Katalysator für eine soziale Zerrüttung in unserem Land, die die Bevölkerung weiter auseinandertreibt.

Missgunst, Argwohn und Ablehnung verlaufen mittlerweile quer durch Familien, Freundschaften, Kollegen oder Nachbarn. Und dies hängt entscheidend mit der Tatsache zusammen, dass die Hemmschwelle zur Benutzung von Floskeln - welche man noch vor Jahren auch deshalb konsequent mied, weil man sich um die Tragweite ihrer emotionalen, menschlichen und politischen Sprengkraft bewusst gewesen ist - sukzessive absinkt und nahezu vollständig wegbricht.

Diese Sensitivität, das Feingefühl und die Skrupel, von einer übermäßigen Verallgemeinerung und einem platten Populismus Abstand zu nehmen, sind in einem Zeitalter verloren gegangen, in dem wir uns ohnehin schon aufgrund der Anonymität des Netzes entfremdet und voneinander entfernt haben. Wir vergessen die gute Kinderstube, wenn uns jegliche Manier abhandengekommen ist, eine Diskussion mit Argumenten statt mit Schlagworten, Beleidigungen und Hass zu führen. Man muss heute auch aufgrund des abgesunkenen Bildungsniveaus im Zweifel davon ausgehen, dass sowohl Parteien wie auch Privatpersonen in ihrer Kommunikation Kraftausdrücke vor allem deshalb benutzen, weil ihnen einerseits die Begriffserklärungen fehlen. Aber sie sind darüber hinaus auch dazu bereit, in dieser Unfertigkeit mit etwas um sich zu werfen, was nicht nur dazu geeignet ist, Beziehungen zu zerstören - sondern gesellschaftliche Lager und ihre Anhänger gegeneinander aufzubringen.

Die Kategorisierung ist ein durchaus nachvollziehbares Instrument der Vereinfachung. Offenbar scheint der Horizont von vielen Mitmenschen heutzutage aus unterschiedlichen Gründen eingeengt zu sein. Sie haben Schwierigkeiten mit dem Umgang verschiedener

Perspektiven, Sichtweisen und Charakterlichkeiten der Anderen, weil sie entweder selbst in ihrer Haltung derart fixiert und verblendet sind, dass sie jegliches Abweichen von dieser Meinung als gegnerisch, feindlich oder abzulehnen einstufen. Aber es ist natürlich auch der Reiz der Simplifizierung, der das Klima verändert.

Denn wer lediglich in Schubladen aus Schwarz und Weiß denkt, wird dafür weniger Kraft und Mühsal anwenden müssen als jener, der auf der Suche nach Differenzierung, Abstufung und Schattierung ist. Eigentlich war der Homo sapiens mit Vernunft ausgestattet, um gerade auch zu der Erkenntnis zu gelangen, dass es den Frieden und die Versöhnung nicht unbedingt stärkt, wenn man beispielsweise Sympathisanten, Wähler, Anhänger und Funktionäre der AfD ohne jede Not auf die Ebene der grausamsten Verbrecher und Diktatoren in unserer Historie stellt.

Dass angesichts der Regierungspolitik in Deutschland die Nerven bei vielen von uns blank liegen, das ist eine allzu verständliche Tatsache. Allerdings scheint die Verhärtung der Fronten gerade auch deshalb zuzunehmen, weil die programmatischen Forderungen, Erwartungen und Zielvorstellungen über das Deutschland von Morgen eklatant auseinander gehen.

Während die Mitstreiter der Grünen noch immer davon ausgehen, dass der Klimawandel die größte Bedrohung für unsere nachfolgenden Generationen sei, weisen vor allem die patriotisch und identitär gesinnten Fürsprecher der Alternative für Deutschland auf die massiven Probleme des entglitten Multikulturalismus hin, der sich immer stärker auf die innere Sicherheit auswirkt - und zu massiven Verlustängsten bei jenen führt, die in ihren Köpfen ein Szenario zu Ende denken, das in diesen Tagen zumindest in Gang gesetzt wurde.

Wir stehen an einem Übergang von der abendländischen Wesenseinheit in einen sarazenischen Orient, in dem am Ende die Verhältnisse völlig umgekehrt sein werden als bislang. Dass diese Furcht bei jenen nicht vorherrscht, welche ihr Traumbild von Buntheit, Harmonie und Gleichklang vor insbesondere als eine Schutzbehauptung vorbringen, mag nicht überraschen. Denn ihre Achtung vor ihren Wurzeln ist so gering, dass sie selbst das erlösende Paradies eines Kalifats als Fortschritt ansehen.

Rechts der SPD ist kein Platz für Demokraten!

Wer in diesen Tagen rechts der SPD ist, gilt meist bereits als extrem. Und so hat es sich eine korrekte und wachsame Bewegung der Guten zur Aufgabe gemacht, all diejenigen entsprechend zu brandmarken und etikettieren, die sich einer bürgerlichen, identitären oder patriotischen Haltung verschrieben haben. Konservativismus in der Moderne bedeutet keinesfalls, rückwärtsgewandt zu sein. Geht man dem Wortursprung nach, so kommt man auf die Übersetzung des Bewahrens.

Hinter dieser Vokabel befinden sich also diejenigen Menschen, die im Gegensatz zu einer nie im Einklang mit der eigenen Person stehenden Gesellschaftskohorte nicht nach ständiger Veränderung und unentwegtem Wandel streben. Sie tragen keine Verabscheuung des Vergangenen in sich, blicken in der Geschichte nicht allein auf die Verbrechen, die von Deutschland begangen wurden. Sie vergessen nicht die Aufarbeitung, die Reue und Sühne unseres

Landes, aber auch nicht die Verantwortung, die wir zweifelsohne mit Blick auf den Nationalsozialismus als Mahnung in uns tragen. Sie wollen nicht krampfhaft weg von der Historie - und sich deshalb auch nicht all dessen entledigen, was durch die grausamen Verbrechen in den Diktaturen unbeschmutzt blieb. Ihre Verachtung richtet sich damit auch nicht gegen alles Funktionierende, gegen alles Erfahrene, gegen alles Gelungene. Im Gegenteil. Sie sind auf Beständigkeit angelegt - und möchten nicht auf Teufel komm raus einen Umbruch, einen Schnitt oder eine Brandmauer zum Gestern.

Dass es in unserer Bevölkerung einen nicht geringen Teil von Älteren und Jüngeren gibt, die auch weiterhin dem Credo "Früher war nicht alles schlecht" anhängen, das zeigt der Zuwachs in den Jugendorganisationen der eher rechts gelagerten Parteien. Und auch wenn man die Umfragen unter den bis zu 25-Jährigen verfolgt, so ergibt sich nicht das Bild, das sich vielleicht die Grünen erhoffen würden. Denn es ist mittlerweile nicht mehr woke, sondern en vogue, mit ziemlich viel Stolz auf das zu blicken, was die sogenannten Boomer nach dem Zweiten Weltkrieg aus einer völlig zerstörten Republik wieder aufgebaut haben. Es sind auch ihre Tugenden wie Fleiß, Anstrengung, Bemühen, Erfolg, Selbstwirksamkeit, Gemeinschaft oder Leistung von damals, die heute wieder attraktiv für die sind, denen unser Land nicht egal ist. Denn es ist eben nicht so, dass die Anhänger der sogenannten "Generation Z" das Bild über unseren Nachwuchs prägen.

Sie mögen vielleicht von linken Leitmedien Aufmerksamkeit bekommen, um ihr Ideal der Work-Life-Balance und einer 20-Stunden-Woche postulieren zu können. Aber deren Bequemlichkeit ist nicht repräsentativ, sie findet mittlerweile weder bei früheren Jahrgängen noch den Gleichaltrigen allzu viel Anklang. Denn es ist durchaus ein Ausdruck von Schwäche, von mangelnder Motivation, fehlender Lebensfreude und großer Desorientierung, wenn man sich dauerhaft auf dem Ozean der Sinnsuche bewegt - ohne aber wirklich an einem Ziel ankommen zu wollen.

Fest vor Anker gehen und damit Heimat in allen Belangen zu finden, das ist mittlerweile ein Bestreben von vielen Heranwachsenden, die sich unter anderem auf das Verlassen wollen, was schon seit jeher erfolgreich praktiziert wurde - und zum Erfolg führte. Wir räumen heutzutage viel zu schnell unsere Häuser und Wohnungen aus, trennen uns reflexartig vom Verstaubten, ohne darin die Schätze zu erkennen, die viel Leid, Tiefen und Herausforderungen überstanden haben.

Resilienz zeigen und sich nicht von der Zeitgeistigkeit vereinnahmen lassen - diesen Auftrag beherzigen wir, wenn wir das Vorzeitige hegen und pflegen - und das Neue und Künftige mit Maß und Verstand weiterentwickeln. Das beharrlich dissoziierende Verhalten einer Spezies, die das Imperfekt partout von sich abstreifen will - und allein auf das Futur bauen möchte, wird rasch bemerken, dass eine Burg nur dann als Fels in der Brandung widerstehen kann, wenn sie auf einem festen Fundament errichtet wurde. Und so sind es unsere Normen, unsere Traditionen und unser Brauchtum, die uns Kongruenz

und Echtheit verleihen. Wenn wir
gemeinsam wissen, worauf wir uns
verständigt haben und worauf wir uns
verbindlich beziehen können, strahlen wir
Authentizität, Halt und Stärke gegenüber
uns selbst und all denjenigen aus, die zu uns
hinzustoßen. Es ist damit unter anderem
die sogenannte Leitkultur als ein absolutes
Minimum an Gewähr, die neben vielen
anderen Faktoren wie der Sprache, der
Religion, der Werte, der Sozialisation, der
Wurzeln oder der ethnischen
Verbundenheit zu einem plausiblen
Gesamtbild beitragen.

Dass wir uns mit der teils wahnhaft
anmutenden Fiktion des Globalismus, des
Genderismus, des Queerismus, der
Transformation oder der Zeitenwende
unter Druck setzen, uns von der Ölheizung
bis zum Verbrenner, vom Atomkraftwerk
bis zum Schnitzel, vom Geschlecht bis zum
generischen Maskulinum, vom Frieden bis
zum Kruzifix, zwanghaft zu verabschieden
und uns dessen entledigen, was nicht mehr
in die Welt von Ökosozialismus,
Veganismus, Kriegstüchtigkeit und
Pluralismus passt, gleicht einer Entkernung

unserer Seele, unserer Persönlichkeit und unserer Souveränität. Denn obwohl Dinge praktikabel, erfahren und zuverlässig sind, müssen sie aus Sicht derjenigen weg, die sich in ihrer eigenen Haut, in ihrem Land und in unserem Miteinander nicht einleben können - oder sich als prinzipiell antisoziale Wesen gebärden. Ein Kontinuum ist nur dann stabil, wenn es nicht nur einen Pflock in der Zukunft, sondern eben auch in unserem Vorleben hat. Denn es sind die Überlieferungen des Erprobten, die Grundlage für die Schaffung von Frischem und Fortschrittlichem überhaupt erst bereitstellen.

Wer die Bedeutung von Routiniertem, Geübten und Sattelfestem verkennt, weil er sich aus einer Ideologie heraus verpflichtet fühlt, die Lebensgrundlagen dieser Welt im Boden zu lassen und stattdessen die Landschaft mit Windrädern und Solarpanelen zuzupflastern, mit Sternchen, Doppelpunkten und Binnen-I das Deutsche zu verhunzen und der Beliebigkeit des Feminismus zu frönen, sich lieber als Gurke wahrzunehmen denn als Mann oder Frau, die seltene Ressourcen verbrauchende

Wärmepumpe einer sich auf gutem Weg des Recyclings von Brennstäben befindlichen Kernenergie vorzuziehen, das Abendland gegen Buntland auszutauschen oder Kinder und Familie als Karrierekiller denn als Geschenk wahrzunehmen, der mag sich als Retter der Welt sehen - und bleibt in Wahrheit ein bemitleidenswerter Irrlichtender ohne Kompass, aber mit einer großen Menge an Pseudo-Heroismus.

Stand der Texte in diesem Buch: 07/2024

Bibliografische Information der Deutschen Nationalbibliothek: Die Deutsche Nationalbibliothek verzeichnet diese Publikation in der Deutschen Nationalbibliografie; detaillierte bibliografische Daten sind im Internet über dnb.dnb.de abrufbar.

© 2024 Dennis Riehle

Herstellung und Verlag:
BoD – Books on Demand, Norderstedt

ISBN: 978-3-7583-0395-1